云南大学“中西部高校综合实力提升工程”资助成果

国家社科基金项目“宋代田赋与国家财政问题研究”（15CZS030）中期成果

云南大学史学丛书

# 宋代田赋制度研究

田晓忠 著

中国社会科学出版社

**图书在版编目(CIP)数据**

宋代田赋制度研究／田晓忠著．—北京：中国社会科学出版社，2016.12
ISBN 978－7－5161－8813－2

Ⅰ.①宋… Ⅱ.①田… Ⅲ.①赋税制度—研究—中国—宋代
Ⅳ.①F812.944

中国版本图书馆 CIP 数据核字(2016)第 205145 号

出 版 人 赵剑英
责任编辑 宋燕鹏
责任校对 朱妍洁
责任印制 李寡寡

出　　版 中国社会科学出版社
社　　址 北京鼓楼西大街甲 158 号
邮　　编 100720
网　　址 http://www.csspw.cn
发 行 部 010－84083685
门 市 部 010－84029450
经　　销 新华书店及其他书店

印　　刷 北京鑫正大印刷有限公司
装　　订 廊坊市广阳区广增装订厂
版　　次 2016 年 12 月第 1 版
印　　次 2016 年 12 月第 1 次印刷

开　　本 710×1000 1/16
印　　张 10.75
插　　页 2
字　　数 190 千字
定　　价 42.00 元

# 总　　序

林文勋

21 世纪的今天，人类社会进入新的历史阶段，人类对社会、对自然、对自身的认识也达到了新的高度。时至今日，人类如何借鉴过去、思考当下、展望未来更加迫切地摆在了我们面前。历史承载着过去与未来，历史承载着思想与文明，历史承载着人类记忆与民族希望。不论我们对历史学如何定义，对历史的功能赋予何种新的认识，历史学的作用与价值都不可否认和替代。历史是最好的老师。社会越进步，越发展，越需要总结历史，越需要研究历史。这是我们史学工作者的历史责任与使命。

长期以来，在一代又一代学者的共同努力下，云南大学历史学科走出了一条不平凡之路，为中国史学的发展与繁荣做出了重要贡献。早在 20 世纪 20 年代云南大学建校之初，就有学者从事历史学的教学与研究。30、40 年代，顾颉刚、白寿彝、钱穆、向达、吴晗、华岗、尚钺等史学大师执教云南大学，为历史学科奠定了深厚的学术基础。其后，在方国瑜、江应樑、纳忠、李埏、尤中等前贤先哲的开拓与带领下，历史学科薪火相传，踵事增华，在中国民族史、西南历史地理和地方史、中国边疆史与边疆学、中国经济史、东南亚史、南亚史、西亚史和阿拉伯史等诸多领域取得辉煌成就，形成优势和特色。1981 年，中国民族史获得博士学位授予权，1986 年，专门史（经济史）获得博士学位授予权，2001 年，史学获得一级学科博士学位授予权。1994 年，云南大学历史学还被批准为国家基础学科人才培养和科学研究基地，2007 年，专门史被批准为国家重点学科。云南大学成为国内重要的史学重镇之一。

回顾过去，我们倍感自豪，但展望未来，我们更感责任重大。当前，我们正处在一个社会深刻变革的时代，时代需要历史学的发展与繁荣。大力弘扬中国传统优秀文化，构建中国特色哲学社会科学同样需要历史学的发展与繁荣。出版《云南大学史学丛书》，目的就是：以集中推出云南大学历史学研究成果为抓手，以增进与学术界的交流合作为契机，进一步昌明学术，造就学者，培养学生，发展学科。

历史需要求真，需要求新，需要求变；历史需要冷静，历史需要坚守，历史需要执着。“为天地立心，为生民立命，为往圣继绝学，为万世开太平”是中国传统知识分子的使命与担当。希望我们每一位历史研究工作者特别是年轻一代史学工作者，不忘使命与担当，立意高远，遵循学术规律，坚持问题导向，紧跟时代步伐，回应社会关切，继承和发扬老一辈的科学精神和优良传统，潜心问学，潜心问道，立身、立业、立言，多出精品力作，共同推动云南大学历史学科再创新的辉煌，共同为发展和繁荣我国历史科学做出新的贡献。

# 目 录

# 图表目录

# 导　论

## 一　研究价值、选题缘由与意义

赋税是指“国家凭借政治权力参与国民收入分配，取得财政收入的活动”，赋税直接体现了“国家同社会集团、社会成员之间的分配关系”①。以赋税为研究对象，既要探讨赋税税制的具体组成部分，如赋税征收对象、征收税则、征收人员、征收过程等方面，还要探讨赋税制度运行的社会背景与运行机制，从而才能在更深层面上对隐含其内的国家与其社会成员之间对社会产品与劳务问题的分配关系予以揭示，进而探讨这种分配关系是如何影响国家行政运转，社会各阶层对这种分配体制的应对与反响如何，以及其对社会经济的稳定与发展又起到怎样的作用，等等。因此，以赋税为研究对象的赋税史和赋税问题研究，既能揭示赋税制度运行的基本环境与主要内容，体现出其作为税收史、财政史、经济史研究的重要有机组成部分，又能通过对其具体运转过程与成效的分析，揭示出事关国家行政运转与社会各阶层稳定与发展的一些重要问题，从而兼有社会史、政治史意味。故在很大程度上可视其为经济社会史范畴内的一门专门史，具有他者所不可替代的重要研究价值与意义。

在中国古代，赋税是对包括劳动产品与劳动力（土地与人丁）的双重征收，赋税史也常常被视为赋役史。针对中国古代的赋税赋役史，经过长期的学术研究积累，其结构演变的主要途径和过程已

① 于光远主编：《经济大辞典》，上海辞书出版社 1992 年版，第 2318 页。

经被揭示得非常清晰了。“中唐以前，人头税和徭役是国家机器赖以运转的主要赋役基础；此后，田亩税逐步取代人头税，构成国家财政的主要收入；至清初‘摊丁入地’，田亩税遂成为农业税收的唯一形态。”①“一是人头税逐渐向资产税转化，二是力役逐渐由现役向代役、雇役转化，而这两条途径的最终汇合点为田亩税。”②田亩税，也就是田地税、田赋。

中唐两税法改革为田亩税、田赋税制的推行提供了重要理论与实践依据，是中国古代赋税史的一次重大转折。两税法赋税改革，将资产作为征收或征发赋税劳役的主要依据，并在随后的历史演进中，逐步将劳役征发以实物或货币的方式归之于土地之上，完成赋役合一，这是一个长期的发展趋势与过程。宋代王安石变法时推行的方田均税改革与南宋时期的经界法实践则是这一发展过程中至关重要的一环。随后又经历明代一条鞭法的改革与完善，直至清代“摊丁入亩”才算最终完成。这个过程反映了国家赋税制度的不断调整与发展演变，其根源与土地制度的变化息息相关，即土地私有化程度的不断加剧与深化和由此导致的赋税不均问题，是国家对原有赋税制度进行调整和改革的重要依据与根本原因。“从唐代后期实行两税开始，一直到明代的一条鞭法，清代的摊丁入亩，不断发生税制改革，而历次改革的基本精神是一致的，即按亩征收的田税和按财产征收的赋税越来越重要，按口、按丁、按户征收的赋税越来越退居次要地位。”③与此相对应，随着土地在国家赋税征收体系中的基础性地位越来越明显，越来越重要，“田赋”作为来源于对土地征税的表述和指代田亩土地税的专称，在宋代以后随之兴起并得到广泛使用，成为宋至明清中华帝制晚期国家正税的代名词。

开展对宋代及其后帝制国家田赋税收制度的发展演进及其特征

---

① 葛金芳：《两宋摊丁入亩趋势论析》，《中国经济史研究》1988 年第 3 期。

② 陈明光、郑学檬：《中国古代赋役制度史研究的回顾与展望》，《历史研究》2001 年第 1 期。

③ 胡如雷：《中国封建社会形态研究》，生活·读书·新知三联书店 1979 年版，第 400 页。

研究，本身就是赋税赋役史研究的主要内容，同时也是国家财政史研究的一项重要组成部分。作为国家正税和常赋来源，田赋是宋代及其后的帝制国家财政收入的主要来源，在国家财政构成中处于基础性的重要地位。不仅如此，田赋的高关联度还表现在：它与土地制度的发展演进紧密相连，与土地的经营方式和农业发展密切相关，它是国家财政收入的重要来源与主要支出构成，同时也是百姓家庭收成重要物品的无偿支出体现。作为中国古代赋税赋役构成中最重要也是最基础的组成部分，它既是国家行政运转的基础，也是国家与治下百姓民户连接互动的关键纽带——古代国家正是通过田赋与赋税分配关系对社会经济的生产与发展发挥反作用，从而干预社会经济运行。因此，田赋在古代国家与社会中均处于一种牵一发而动全身的关键位置。

可以这么说，田赋问题，牵连面广泛，就是那种对中国古代（尤其是宋及其后的整个帝制晚期）国家与社会全局性研究都具有“牵动”作用的问题。

正由于田赋是一个具有全局性牵动作用的议题或者研究对象，虽处于不同时期，人们对其重要地位的认识和研究从未改变。从中国古代留下的相对丰富的历史资料可知，不论是以何种形式出现的“田赋”——早期国家的贡、助、彻制，秦汉的算赋、口赋，魏晋的户调，隋唐的租调与庸，以及之后真正意义上的两税田赋——因其与国家财政和行政运转的关系极其紧密，从来都是国家与士大夫所关注的一个核心现实问题，而留下的记载也相对来说较为丰富。在宋以前的若干部正史中，《汉书》《晋书》《魏书》《隋书》《旧唐书》《新唐书》《旧五代史》均列有“食货志”，“田赋”赋税都为其重要内容。宋代以后，则所有正史都有“食货志”，且无不以田赋为“食货”重心。元代马端临《文献通考》更是首创《田赋考》，并将其置于对中国古代“文献”考究的第一位置，专门对历代田赋进行了重要阐释。此外还有很多文人士大夫都广泛参与探讨田赋存在的必要性和寻求对田赋赋税存在问题的解决之道。宋元以后各地地方志修纂，更直接将田赋作为“赋税”或者“食货”之下的重要门类予以详细记载。这些相对而言保存较完整的资料，既表明了古人对田赋重要性的认识，也为后来田赋赋税研究提供了重要的资料基础。

尽管中国古代学者对赋税与田赋问题的探讨已有一定的学术意味，但真正以“科学”名义开展的学术研究却是近代才发轫。民国时期，一些学者开始有意识地借助近代西方经济学和财政学理论，对中国古代赋役制度作出不同于《通典》《文献通考》等史籍的编排、阐释和评论，但“由于当时参与古代赋役制度史研究的学者较少，他们涉及的朝代仅以汉、唐、宋、明等朝为主，选题有限，所用资料多为习见的传世文献，也就谈不上对古代赋役制度做整体性研究和规律性探讨”①。而对“规律性”的探讨，正是近现代“科学”研究的重要体现。

在马克思主义传入中国，并逐步在20世纪50年代以后成为指导中国学术研究不可违背的圭臬之后，五种社会形态说成为中国历史学研究的主流，生产力与生产关系、经济基础与上层建筑的矛盾运动成为解释中国历史发展运动的主要依据，而阶级压迫与斗争说，也随之成为解释王朝更替与社会形态发展变化的一把利刃。在这种学术思潮影响下，一些重大的历史问题进入史学家探讨的范围。这其中就包括所谓的中国史学研究“五朵金花”，如中国古史分期问题、中国土地所有制与封建社会长期延续问题，农民战争问题，中国资本主义萌芽问题等。因这些问题都或多或少地与赋税赋役有关联，而田赋赋税与土地制度、经济形式、国家形态、农民起义等一系列政治经济学研究对象都具有高度相关性，因此历代史籍所载的各种与田赋有关的赋敛也就重新成为新一轮的重要研究的对象，并进而成为揭示农民受压迫受剥削的主要证据，从而带来中国古代田赋赋税研究的一个高潮。在这一波研究高潮中，赋税赋役也成为史学研究的热点问题之一。而一部中国古代史也常常因此被揭

① 陈明光、郑学檬：《中国古代赋役制度史研究的回顾与展望》，《历史研究》2001年第1期。

示为一部中国农民阶级受压迫受剥削的血泪史。[①]

20 世纪八九十年代以后，学术研究的意识形态化有减弱趋势，同时随着中国改革开放逐步推进与改革成果初步显现，惠及民生与减轻农民负担成为中国政府改革面临的又一难题。“农民、农村、农业”三农问题在世纪之交前后得到前所未有的关注，与“三农”问题紧密相关的赋税负担研究也日益深入，一些学者依据当下农民负担沉重的现实反观历史，对历史时期农民负担问题的探讨在原有基础上进一步予以揭示，提出了中国历代农民负担在每一次赋税改革之后呈现不断加剧的“黄宗羲定律”[②] 等认识。21 世纪之初，中国政府在尝试农业税费改革后，全面取消了农业税，对田赋赋税问题的研究热潮才逐步减退。因此，不论是在古代还是在当下社会，田赋从来就是一个对全局性的国家与社会研究都具有“牵动”作用的议题，从来不缺乏关注与研究。

但随着研究的深入，当下对田赋等一些传统议题的探讨似乎正在走入瓶颈。就如李华瑞所指出，“到了世纪之交，随着前辈学者或谢世，或退休，旧的范式危机开始显露出来——土地制度、租佃制、地租形态、封建社会、农民起义、阶级关系等以往讨论的问题和理论范畴大都被中青年学者回避，而新的分期理论没有产生”[③]。在现代社会科学理论与方法向前迅速发展并日益对一些传统学科产生广泛影响的当下，在人们对新资料的再发掘与运用日益深入，一些以往不受关注的研究议题或领域正在逐渐成为新的学术热点，如“士人阶层、家族宗法、性别观念、民间信仰、社会生活、基层社会、地域文化、宋学诸学派等课题纷纷进入研究者的视野”[④]。受此双重影响，土地制度、田赋税制等传统研究对象开始逐渐走向衰

① 如中华人民共和国财政部、《中国农民负担史》编制委员会编著的《中国农民负担史》（中国财政经济出版社 1990 年版），即为此论说的典型。

② 秦晖：《并税式改革与“黄宗羲定律”》，《农民中国：历史反思与现实选择》，河南人民出版社 2003 年版，第 17—23 页。

③ 李华瑞：《“唐宋变革”论的由来与发展（代绪论）》，李华瑞编《“唐宋变革”论的由来与发展》，天津古籍出版社 2010 年版，第 33—34 页。

④ 李华瑞：《建国以来的宋史研究》，天津古籍出版社 2006 年版，第 8—9 页。

微，似乎进入一个瓶颈期。尤其是21世纪初，随着中国政府全面取消农业税，除了财政史研究仍将田赋视为国家财政收入来源加以强调外，田赋史的研究已经很少受到学人的继续关注，似乎已经成为明日黄花。是不是说当下田赋等赋税问题真的已经研究到了极致，再无研究的可能和开拓的空间了？又或者说，当下史学对一些传统问题的研究，究竟要如何做才能真正对其有所推进，才能促使其不断焕发新的学术生命？这是一个值得令人认真思量的问题。

当下，几乎所有学者都强调"问题意识"对学术研究推动的巨大作用。但对于一些传统的基础课题或者旧问题，在经历数十年长久的学术研究积累后，怎样以新的"问题意识"推动这些传统课题往前发展，走向新生，似乎并无更好办法。在这里，有两位史家的观点颇值得关注。一位是邓小南。她在《走向"活"的制度史——以宋代官僚政治制度史研究为例的点滴思考》文中提出："所谓'问题意识'，实际上是一种'眼光'。它所反映的，是一种追求历史识见的研究取向；所要求的，是洞察敏锐而言之有物。它探索事物发展的内在逻辑，而不以重复大而无当的普遍规律为目标。""'问题'本身，就是在众多可供选择的题目中，有些论题，可能更具实质性意义，或者说对于全局性研究更有'牵动作用'；另一方面，或许更为重要的是，我们应该更加关注提问的方式，即如何提出、如何着手解决问题。"① 另一位是包伟民。包伟民所引邓小南的话语："与其强调不断地提出'新'问题，还不如关注如何提出问题来的重要。"这是因为，"一方面史学探究的对象永恒不变，不同时代的人们却能从中得到不断更新的智慧，读史的魅力正在于此；另一方面，正是因为研究对象的恒定，'传统'的观察往往总能抓住历史时期某些比较显著的特征，在多数情形下，这些特征理应为历代读史者所关注"。也就是说，"史学研究论题的拓展，有时并不一定非得采用以新议题扬弃旧议题的形式，完全另起

① 邓小南：《走向"活"的制度时——以宋代官僚政治制度史研究为例的点滴思考》，《浙江学刊》2003年第3期。

炉灶。更常见的是以新的取向不断探讨‘旧’的议题，史家见识之高低也就尽见其中”。所谓“问题意识”，借助新理论来提出新议题固然重要，但更有意义的，“还在于着眼于宋代历史中那些古今共识的特征，从更为综合、更为深入的视角去讨论他们”[①]。

笔者认为，邓小南、包伟民二人的论述，对于什么是“问题意识”，以及如何以“问题意识”推进对传统议题（研究对象）的进一步探讨，具有重要的指导意义。如何以“新”的取向探讨“旧”议题，就“在于着眼于宋代历史中那些古今共识的特征，从更为综合、更为深入的视角去讨论他们”[②]。而如何进行更综合、更深入的视角探讨，就必须要在系统深入了解学术发展史基础上对其进行必要扬弃，同时结合现代社会科学研究提供的有益养分，回归对史籍文献的广泛阅读与对基本问题的内涵核心深入地“再理解”与“再探讨”，进而才可能有所发现与发挥。笔者对此深以为然。

笔者通过对宋代田赋研究已有成果的系统考察，以及对若干重要材料的反复阅读与思考，认为宋代田赋这一“旧议题”其实可以再探讨。本书选择以宋代田赋为研究对象，就是出于这样一种学术考虑。（1）就如本书前面所述，田赋作为一项国家基本税收制度，它在宋代得到完全确立，这不仅是宋代税制史的大事，也是宋代以后帝制中国税制史的构成主体，探讨宋代田赋，既可以揭示宋代税制构成与税收、财政基本运行状况，也可以为帝制晚期中国税收与财政研究奠定良好的研究基础。（2）宋代田赋是一个具有高度相关性的研究课题，它与土地制度、农业经营方式、国家形态、经济发展与社会稳定等方面都有千丝万缕的联系，对宋代社会与国家关系全局性研究都具有“牵动作用”。（3）宋代田赋虽然受到众多学者的关注，并取得一系列重要研究成果，但作为一个传统研究的“老”议题、“旧”议题，由于缺乏对其基本构成与运行逻辑的系统深入分析，一些看似公允的认识与结论并不一定完全正确，从而

---

① 包伟民：《理论与方法：近三十年宋史研究的回顾与反思》，《史学月刊》2012年第5期。

② 同上。

无法带动本议题研究的进一步深入，造成这一传统“老”议题、“旧”议题学术生命的枯竭。

笔者在此不揣谫陋，意欲尝试以“新的取向”重新审视宋代田赋，期冀能够借此再现宋代田赋基本面貌，揭示其与宋代经济社会各方面有关的主要面相。这种对当下传统“旧议题”的再探讨实践，本身也具有独特的价值与意义。

## 二 学术研究回顾与述评

以本书所探讨的宋代田赋而言，该论题本身是一个传统的老题目。20 世纪 30 年代，刘道元[①]首次开始探讨两宋田赋制度，揭开了宋代田赋研究的序幕。在该书中，作者对两税法在唐宋间的变化尤为看重，首次指出宋代二税绝不等同于唐代两税，宋代二税已经是田赋二税。50 年代，李剑农[②]亦持相同观点，认为宋代二税实为田赋之一大转变。随后，梁方仲[③]系统收集整理了自汉至清代中国历代户口、田地、田赋资料，并作了相应考辨与统计分析，从中亦可看到中国古代田地与田赋资料的广泛记载是宋代以后的事情，而尤以明清为盛。七八十年代以后，宋代赋税研究成果逐渐增多，如赵雅书[④]、王曾瑜[⑤]、漆侠[⑥]、贾大泉[⑦]、高树林[⑧]、梁太济[⑨]、郑

---

① 刘道元：《两宋田赋制度》，新生命书局 1933 年版。

② 李剑农：《宋元明经济史稿》，生活·读书·新知三联书店 1959 年版。目前，该书与其另外二书（《先秦两汉经济史稿》《魏晋南北朝隋唐经济史稿》）合集再版，更名为《中国古代经济史稿》，武汉大学出版社 1990 年版。

③ 梁方仲：《中国历代户口、田地、田赋统计》，上海人民出版社 1980 年版。

④ 赵雅书：《宋代的田赋制度与田赋收入状况》，台湾大学文学院 1969 年版。

⑤ 王曾瑜：《宋朝的两税》，《文史》第 14 辑，中华书局 1982 年版。

⑥ 漆侠：《宋代经济史》第六章、第八章、第十章、第十一章，上海人民出版社 1986 年版。

⑦ 贾大泉：《宋代赋税结构初探》，《社会科学研究》1981 年第 3 期。

⑧ 高树林：《宋朝赋役浅论》，《中州学刊》1988 年第 3 期；《宋元赋税制度之比较》，《宋史研究论丛》（第二辑），河北大学出版社 1993 年版。

⑨ 梁太济：《宋代两税及其与唐代两税的异同》，（东京）《中国史学》第一卷，1991 年。后收入《两宋阶级关系的若干问题》（河北大学出版社 1998 年版）一书中。

学檬[1]、汪圣铎[2]、葛金芳[3]、张熙惟[4]、李裕民[5]、王德毅[6]、包伟民[7]、杨宇勋[8]、王棣[9]等学者都对宋代田赋或与田赋相关的若干方面作了不同程度的探讨与揭示。

那么，在如此众多且丰富的宋代田赋及其相关研究成果中，他们对宋代田赋的构成、基本状况、主要特征、历史影响等方面，作出了怎样的揭示？他们所关注的核心问题有哪些？这些问题对宋代田赋研究（或者说宋代赋税研究）的向前发展起到了怎样的作用？当下的宋代田赋研究又处于一个怎样的状态？这些问题都是我们对宋代田赋进行认知与再探索的重要前提与基础，下面对此予以简单评述。

首先，应当确知在上述诸多研究成果中，明确以田赋为研究对象且对宋代田赋构成与基本面貌进行探讨和揭示的，首推刘道元，其次是李剑农、赵雅书，再次为王曾瑜、梁太济等人。刘道元首次明确指出宋代二税为田赋二税，李剑农、赵雅书等人进一步指出，宋代二税田赋具有附加税众多、农民负担沉重的特征。王曾瑜通过对宋代二税的详细考察，以更加丰富和翔实的资料全面系统地探讨了宋代田赋的征收时间、征收物品、征收税率等基本问题，同时对各种附加税名目和负担进行了更细致全面的考订，指出税上加税是宋代田赋的一个主要特征，最后通过对二税与宋代阶级关系的探讨，指出百姓遭受沉重的田赋负担与阶级压迫。梁太济则通过对唐宋两代两税法具体差异的深入分析，进一步揭示了宋代民田之赋是二税田赋的正宗主体。此后，张熙惟对田赋折纳的考察，漆侠、郑学檬、汪圣铎等人对宋代田赋基本状况的探讨，虽然都在王文基础

---

① 郑学檬：《中国赋役制度史》，上海人民出版社 2000 年版。

② 汪圣铎：《两宋财政史》，中华书局 1995 年版。

③ 葛金芳：《中华通志·土地赋役志》，上海人民出版社 1998 年版。

④ 张熙惟：《宋代折变制探析》，《中国史研究》1992 年第 1 期。

⑤ 李裕民：《北宋前期方田均税考》，《晋阳学刊》1989 年第 6 期。

⑥ 王德毅：《李椿年与南宋经界法》，《食货月刊复刊》2—5，1972 年。

⑦ 包伟民：《宋代地方财政史研究》，上海古籍出版社 2000 年版。

⑧ 杨宇勋：《取民与养民——南宋的财政收支与官民互动》，台湾师范大学历史研究所 2003 年版。

⑨ 王棣：《宋代经济史稿》第十五章“宋代的二税”，长春出版社 2001 年版。

上进行了若干补充，但并未超出王曾瑜对宋代田赋研究的基本构架范围。何高济[①]对宋代赋税征纳具体流程进行的探讨，开始填补以往宋代田赋研究中所缺乏的征税环节，其对揽户在乡村赋税征缴过程中的各种非法行为的研究，拓展了田赋研究新的空间。随后王棣[②]、刁培俊[③]也开始对赋税征收过程中的具体环节进行探讨，指出乡司在宋代赋税征收运作过程中发挥了正面积极与反面消极的不同作用。而这些方面一起构成了宋代田赋制度的主要内容和基本运行状况。

其次，由于田赋征收的对象是土地，并且主要是属于百姓自有的“民田”，即私有土地，因此对土地占有与赋税关系的探讨也是宋代田赋研究的另一个重要组成部分。张荫麟[④]是最早开始对宋代土地分配进行研究的学者。此后，由于土地所有制问题关系到对中国古代社会历史形态的判断，以及对中国封建社会长期延续等基本问题的探讨，学术界对土地制度问题的热烈讨论在宋代土地占有中也有所反映。而围绕与田赋相关的宋代土地占有制度议题，包括有庄园制、地主制等土地形态与土地制度研究，前者有李埏[⑤]、邓广铭[⑥]、郑昌淦[⑦]等，后者则包括杨志玖[⑧]、赵俪生[⑨]、程洛溯[⑩]、葛

---

① 何高济：《南宋的税收制度和揽户》，王曾瑜等编《中国古代社会经济史诸问题》，福建人民出版社1989年版。

② 王棣：《论宋代县乡赋税征收体制中的乡司》，《中国经济史研究》1999年第2期；《宋代乡司在赋税征收体制中的职权与运作》，《中州学刊》1999年第2期。

③ 刁培俊：《南宋乡司在赋役征派中的违法舞弊问题》，《邢台学院学报》2003年第1期。

④ 张荫麟：《北宋的土地分配与社会骚动》，《中国社会经济史集刊》1939年第6卷第1期。

⑤ 李埏：《〈水浒传〉中所反映的庄园和矛盾》，《云南大学学报》1958年第1期。

⑥ 邓广铭：《唐宋庄园制度质疑》，《历史研究》1963年第6期。

⑦ 郑昌淦：《论唐宋封建庄园的特点——与邓广铭同志商榷之一》，《历史研究》1964年第2期。

⑧ 杨志玖：《宋的土地兼并问题》，《历史教学》1953年第2期。

⑨ 赵俪生：《试论两宋土地关系的特点》，《吉林师范大学学报》1979年第1期；《试论两宋土地经济中的几个主流现象》，《文史哲》1983年第4期。

⑩ 程洛溯：《宋代封建土地所有制的各种形态与农民的负担》，《历史教学》1982年第7期。

金芳[1]、唐兆梅[2]、马兴东[3]、蔡绍荣[4]、杨际平[5]、薛政超[6]等学者。在上述宋代土地制度研究中，庄园制研究一度兴盛，随即沉寂；宋代地主制占主导地位的土地制度说基本为史家全盘接受。姑且不论地主制本身所蕴含的意识形态特征，它事实上就是一种私有土地占有形态。漆侠[7]对宋代土地占有的分析用力最多，影响也最广。他认为从北宋到南宋，大地主所有的土地占全国垦田从30%—40%扩大到50%，中下层地主占田为20%—30%；自耕农占有土地北宋最高不过40%，南宋降到30%以下。郦家驹[8]、梁太济[9]、周龙华[10]等则对宋代土地私有以及通过土地买卖出现的土地流转与占有问题进行了探讨。在宋代土地占有问题研讨中，李埏、武建国[11]以及上述主要学者都指出，宋代大土地私有制发展已经不可逆转，宋代国家土地政策为"田制不立""不抑兼并"，以及由此导致对私有土地盛行的基本认识。

在这种基本认识下，关于宋代土地占有状况与赋税不均等的状况受到越来越多学者的关注，但凡研治宋代赋税（赋役）史的学

---

① 葛金芳：《试论"不抑兼并"》，《武汉师范学院学报》1984年第2期；《唐宋之际土地所有制关系中的国家干预问题》，《中国史研究》1986年第3期。

② 唐兆梅：《析北宋的"不抑兼并"》，《中国史研究》1988年第1期。

③ 马兴东：《宋代"不立田制"问题试析》，《史学月刊》1990年第6期。

④ 蔡绍荣：《也析北宋的"不抑兼并"：兼与唐兆梅先生商榷》，《学术月刊》1993年第12期。

⑤ 杨际平：《唐末宋初敦煌土地制度初探》，《敦煌学集刊》1988年第1、2期；《宋代"田制不立"、"不抑兼并"说驳议》，《中国社会经济史研究》2006年第2期；《〈宋代"田制不立"、"不抑兼并"说〉再商榷》，《中国农史》2010年第2期。

⑥ 薛政超：《也谈宋代的"田制不立"与"不抑兼并"——与〈宋代"田制不立"、"不抑兼并"说驳议〉一文商榷》，《中国农史》2009年第2期。

⑦ 漆侠：《宋代经济史》第六章"封建土地私有制的状况"、第八章"宋代土地所有制形式（下）"，上海人民出版社1987年版。

⑧ 郦家驹：《两宋时期土地所有权的转移》，《中国史研究》1988年第4期。

⑨ 梁太济：《两宋的土地买卖》，邓广铭等主编《宋史研究论文集》，上海古籍出版社1982年版。

⑩ 周龙华：《从两则土地税额材料看宋代的土地买卖》，《贵州社会科学》1992年第1期。

⑪ 李埏、武建国主编：《中国古代土地国有制史》，云南人民出版社1997年版。

者，都从不同程度揭示了宋代赋税不均以及宋代统治者对土地占有状况与赋税关系不均所进行的调适即“均税”运动，如千步方田法、方田均税法、经界法等，从而对赋税不均与赋税改革运动的研究也成为宋代田赋的另一主要构成部分。对赋税不均及赋税改革运动的研究，几乎是所有研治宋代赋税赋役史不可回避的议题。除上述诸多学者的研究外，李裕民①对方田法，王德毅②、何炳棣③对经界法的研究用力都极深，揭示了方田与经界的具体内容、实施过程及其影响。几位学者的成果对宋代赋税改革运动的研究产生了重要影响。而尹敬坊④、王曾瑜⑤等则对宋代逃避赋税的各种行为与手段进行了探讨，辨析了各种诡名挟户行为及其转嫁赋税负担的过程。

最后，田赋在宋代从来不被认为是一个单纯的赋税问题，学者们对宋代田赋的研究往往将之与对阶级关系、农民负担等问题的探讨联系在一起。而这也几乎是所有对宋代田赋、赋役问题进行讨论研究的一个核心。他们认为，宋代田赋、赋役存在广泛的不均等，这种不均等与地主阶级转嫁赋税负担紧密相关，结果造成广大农民阶级负担沉重，反过来又进一步加剧了宋代赋役不均的状况，从而得出宋代百姓负担无比沉重的结论与认识。

当然，就如本书开篇所言，中国古代的赋税并不只是纯粹地对物品进行征税，它往往还包括对劳动力进行直接的劳务征取，因此赋税与役法常常交织在一起，并称为赋役。在对宋代田赋基本状况进行探讨之余，很多学者将田土占有与役法摊派联系在一起进行讨

---

① 李裕民：《北宋前期方田均税考》，《晋阳学刊》1989 年第 6 期。

② 王德毅：《李椿年与南宋经界法》，《食货月刊复刊》2—5，1972 年。

③ 何炳棣：《南宋至今土地数字的考释和评价（上）》，《中国社会科学》1985 年第 2 期。

④ 尹敬坊：《关于宋代的形势户问题》，《北京师范学院学报》1980 年第 2 期。

⑤ 王曾瑜：《宋朝的诡名挟户》（上、下），《社会科学研究》1986 年第 4、5 期。

论，这包括聂崇岐[1]、孙毓棠[2]、漆侠、王曾瑜[3]、高树林[4]、郑学檬[5]、葛金芳[6]等。而他们对赋役问题的讨论核心仍是赋役不均以及对均赋运动及其行为过程与结果的分析与判定。

综上所述，我们可以进一步归纳出数十年以来直至当下的宋代田赋研究所具有的一些主要特点与不足。（1）在田赋研究初期，田赋被视为一项重要税收制度予以揭示，如刘道元、赵雅书均直接以“田赋制度”为其专著名称，并且对宋代田赋与土地、田赋的构成与基本面貌、田赋与附加税等内容进行初步揭示，构建了宋代田赋研究的大体范围，但均惜其太略；此后，王曾瑜以“宋朝的两税”为题，对宋代田赋基本状况进行了进一步详尽的论述，奠定了后来田赋两税税制研究的基本论调与概况。而自王文之后，对田赋制度整体的探讨让位于对一些具体问题的分析，比如说转为对赋税征纳流程、揽户、乡司、诡名挟户等一些具体问题或现象的探讨，再无学者对宋代田赋税制进行系统全面的总体论述。我们试图了解的宋代田赋制度的整体面貌，散落于各种经济史、财政史零星篇幅之内，以至于无法构建成一个更加完整的田赋研究体系。（2）在对宋代田赋进行探讨的若干问题中，对附加税问题的探讨与揭示最为集中，几乎所有对宋代田赋进行研究的最终结论都是宋代田赋剥削严重，百姓赋役负担沉重，长期处于水深火热之中而不得自拔，民不聊生。同时对宋代政府与官僚的残酷剥削行为予以了强烈的道德批评与谴责。但这一认识的得来一方面缺乏一种计量统计与分析的过程，另一方面对附加税出现的原因揭示也明显不足。（3）对宋代土地制度、土地占有与赋役负担不均等，以及赋税改革的研究成果非常丰富，在宋代田赋研究中所占比重极大。这一类研究重点

① 聂崇岐：《宋役法考》，《宋史丛考》，华世出版社 1986 年版。

② 孙毓棠：《关于北宋赋役制度的几个问题》，《历史研究》1964 年第 2 期。

③ 王曾瑜：《宋朝乡村赋役摊派方式的多样化》，《晋阳学刊》1987 年第 1 期。

④ 高树林：《关于宋辽金的封建赋役问题》，《中州学刊》1988 年第 3 期；《试论中国封建社会赋税制度的税役变化问题》，《中国史研究》1989 年第 1 期。

⑤ 郑学檬：《中国赋役制度史》，上海人民出版社 2000 年版。

⑥ 葛金芳：《两宋摊丁入亩趋势论析》，《中国经济史研究》1988 年第 3 期。

揭示了宋代土地占有与经营方式，以及土地占有与田赋的对应关系。同时又在阶级对立与压迫史观指引下，揭露国家官僚与地主阶级的狼狈为奸，导致田赋转嫁的必然发生，由此一方面带来国家税制改革的失败，另一方面则进一步强化了百姓负担沉重说。而对土地、田赋与国家财政关系探讨力度明显不够。

此外，上述宋代田赋研究，除了在研究起始阶段重点探讨了田赋制度构成与基本内容外，国内学者在后续的跟进研究中，往往将之视为是一个“已经揭示清楚了的”制度构成，或者虽偶尔对其加以补充，但均不再以对田赋制度本身的探讨与揭示为重心。① 宋代田赋研究的重心，已经拓展延伸到对土地制度、土地占有关系与赋税不均等、田赋附加税与阶级剥削、赋税转嫁与农民负担等问题的探讨。这些研究，一方面固然是扩大了田赋研究的范围，深化了田赋探讨空间与内容，丰富着田赋研究成果，并得出一系列有益认识，但由于缺乏对田赋税制本身的合理观照，往往跳出了对田赋存在合理性、正当性的判断，直接从社会阶级对立的视角予以分析论述，从而陷入先验认识论窠臼，最终得出的结论无一不是宋代田赋附加税沉重、赋税改革名实不一、百姓负担沉重不堪等。而这种研究认识的根深蒂固，导致了对该问题的研究长期盘桓不前，最终陷入研究困境。

## 三　研究思路与主要内容

通过上述学术回顾与梳理，宋代田赋研究成果不可谓不丰硕，在若干主要问题上形成的认识至今仍普遍认同，诸如附加税严重，农民负担沉重等。但如果通过数十年研究，既没有新研究方法的借鉴与运用，又没有新议题、新资料的开拓，则其对学术向前发展的推动必然有限，终将导致对该问题研究动力的枯萎，乃至最终沉

---

① 即便如王曾瑜的《宋朝的两税》一文，虽然其前半部分重点阐述了宋代的两税田赋各个组成部分，内容翔实而充分，但其研究重心仍是后半部分，即从社会阶级关系的角度对宋代官僚体制进行批评，以及对百姓负担沉重的同情。

寂，使其成为一个彻头彻尾的“老议题”“旧议题”。宋代田赋研究就正处于这种危险境地中。

田赋，作为中国古代国家税收中的正赋和常赋，本身是国家赋税最重要的组成部分。研究田赋问题，必须要从其最基本的内核开始探讨，即田赋税收是国家存在的必要前提和经济体现，没有田赋税收的获取，就没有国家行政运转，就没有一切与国家行政运转相关的具体职能与社会功能体现。因此，田赋的存在本身是社会进步与国家行政管理的反映。如果跳出了田赋赋税的这一基本核心，对其进行的其他任何揭示，都有可能带来研究结果的偏颇。其次，随着现在社会科学研究理论与方法的不断向前推进，任何社会科学研究都需要不断接受学术推演与现实实践的反复检验，对一些传统议题的认识也需要不断重新予以逻辑或实证方面的证实或证伪，才可能为其进一步研究奠定坚实基础。以宋代田赋研究来说，附加税众多，固然是一个事实，但对众多附加税不同类型的区分及对其具体作用功能的分析，无疑将有助于对田赋本身和附加税研究的深入。又如田赋负担沉重，必须要尽可能地以实证的数据进行推演，通过计量与前后时段、不同区域间的相互比较分析，才能予以一种明确的“负担沉重”的定性认识。很明显，缺乏这些方面的论证，囫囵地以一个宽泛的概述，对不同区域间出现的所有附加税名目不加区分地进行累加，就不是一种科学研究的态度与方法，其结论也就很难经受逻辑的与实践的检验。而这些基本问题的认识不清，就是制约田赋研究往前推进的重要阻力，该研究议题的备受冷落也与此有很大关联。

本书是对宋代田赋这一传统旧问题开展再研究的尝试之作。笔者试图从田赋税制的基本构成及其存在的主要问题展开重点讨论与研究。

首先，对田赋税制在宋代的确立过程和基本组成内容予以重要阐述。笔者认为，田赋首先是一种国家赋税构成。相应的，作为一种国家税收制度，田赋税制的确立显得尤为关键。如果没有弄清楚田赋税制如何产生、如何确定，就谈不上对田赋制度具体深入的研究。而对田赋制度具体构成的探讨，必然要围绕对征税对象和征收依据的确定，征税税率的确定，以及征收具体流程的考察。笔者试图从这一对赋税来说最为关键的核心因素入手，全面深入地阐释宋代田赋的确立过程，以及宋代田赋制度的基本构成与面貌，从而为田赋研究其他方面的展开奠定讨论基础。

其次，重新探讨宋代田赋正式制度之外广泛存在的田赋附加税问题。附加税是一种非正式的税收构成，在国家正式田赋制度之外以不同形式广泛存在，理论上说是一种法外科敛。对于这些广泛存在的附加税，笔者跳出了以往平铺直叙式的对各种附加税进行一一阐述的传统模式，而是根据其附加途径的不同，认为存在直接附加、间接附加与其他附加三种类型，它们都是国家财政收入的重要来源。田赋附加税的广泛存在，表明了国家税制的不完善。笔者对此着重探讨了附加税出现的深层原因，一方面在于宋代国家全面推行募兵制导致的财政开支需求急剧增大与田赋税制“原额主义”的矛盾所造成的影响；另一方面则与宋代国家强化中央集权的财政分配体制紧密相关，财权向中央的高度集中以及中央对地方财赋的无休止征调，再加上地方财政支出扩大趋势的现实，导致了地方政府不得不广泛增加附加税以应付各种支出。

最后，重新探讨对宋代田赋负担的传统认识。传统观点认为宋代存在广泛的田赋附加税，以及各种有名无名的横征暴敛，由此导致了田赋征收额度急剧扩大，百姓田赋负担极其沉重。笔者通过对宋代各地田赋亩征税率的考察，认为宋代田赋存在明显的区域不平衡性特征。但通过对史籍所载田赋亩征税率负担的计量分析，认为宋代正式的田赋负担并不重，就算加上附加税，也并没有达到无法承受的地步。另外，由于社会贫富分化剧烈，赋税阶层不平衡与赋税转嫁的存在无法排除，百姓赋税负担确实存在畸轻畸重的现象，但并不能因此从整体上对宋代田赋负担予以完全决然的否定。

## 四　研究方法与创新说明

### （一）研究方法

1. 借鉴现代财政赋税学基本理论作为本书研究的重要方法。田赋本来就是国家赋税和财政的重要组成部分，具有赋税与财政的一切特征。本书以田赋为研究对象，就是要研究田赋作为一种税收制度和一种国家财政收入来源，它的基本构成、运行方式与主要特征，因此，借鉴现代财政赋税学理论，使之作为探讨宋代田赋史研究的基本方法就是应有之义。

2. 以历史学的方法为主要研究方法。宋代田赋研究就是对宋代田赋史的研究。这归根结底是一个历史学研究的范畴。历史学是一门实证科学，一切历史认知的前提来源于对实际存在史料的解读与剖析，实事求是、论从史出是历史学基本方法的体现。本书严格遵循历史学实证研究方法，注重对史料的发掘、考辨与谨慎运用，坚持唯物辩证法，坚持论从史出。同时在实证研究基础上尽可能予以规范的价值判断。

3. 尽可能多种研究方法并用。“一切经济学理论都应视为方法论”①，这一论断同样适用于历史研究，即一切理论都可以是历史研究的借鉴方法。本书在具体讨论过程中，综合运用了计量统计方法、比较分析法、归纳法、逻辑推演法等多种方法，力求更清晰、明了、系统地揭示宋代田赋相关问题研究。

### （二）创新及其说明

吴承明先生指出：“历史上总有认识不清楚的东西，已认识清楚的随着时代进步和知识积累，又会变得不清楚了，需要没完没了的再认识。这种认识和再认识都不是复旧，而是创新，历史学也因

① 吴承明：《经济史：历史观与方法论》，《中国经济史研究》2001 年第 3 期。

此不断进步。”[①] 本书对宋代田赋这一传统“老议题”“旧议题”展开的再研究，就属于这样的创新。具体表现如下。

1. 本书对宋代田赋再研究的推进，主要来源于转化研究视角，借鉴现代财政赋税学理论为研究基础与指导方法，从田赋本身存在的合理性与税制向公平性演进的立场出发，较全面系统地揭示宋代田赋税制的构成与运行特征。

2. 借鉴并检验了现代学者关于宋代赋税征收中存在的“原额主义”论断，并从国家财政需求扩大与财赋分配体制弊端的角度出发，揭示了宋代附加税广泛存在根源。

3. 借鉴现代统计学方法，对若干宋代田赋征收事实进行考辨，用计量结果揭示了宋代田赋负担远没有人们想象中的严重。

正如陈寅恪先生所陈述：“一时代有一时代之史学。”现代社会科学的发展与进步，带来人类社会的若干现象正在被各种社会科学一一予以细致解剖分析，进一步对其予以更加科学和合理的解释。对于历史时期人类社会的研究来说，一方面由于各种考古资料，档案、文书、碑刻等历史资料的不断发掘为历史研究提供新材料，另一方面则是现代社会科学研究方法正不断被历史学所广泛借鉴吸收运用，从而在以往不为人所关注的若干方面不断开拓出新的研究领域或提出一系列新的研究议题，促使历史学研究的对象与范围不断拓展，并由此推动学术研究不断地向前发展。这些新开辟的研究领域或研究课题，其所取得的成绩丰富并充实着学术研究，其研究价值之巨大自不待言。此外，存世历史资料的相对丰富性是远无法与现代社会科学研究所能获取的资料相提并论的，更何况古今间在经济形式、社会组织、政治结构、文化心理等若干方面存在的差异性要远大于其同一性，现代社会科学研究方法究竟在多大程度上适用于对古代历史的研究，也是一个重要问题。

因此，历史研究既要充分借鉴与吸收现代社会科学研究理论与方法，以之为推进历史阐释的有益养分——这已经成为推动历史学

---

① 吴承明：《经济史：历史观与方法论》，《中国经济史研究》2001 年第 3 期。

等传统学科不断向前发展的必然选择，但又不能脱离历史实际的具体土壤，避免史学研究因为借鉴过度而失去自我，从而陷入新的“危机”之中。

本书的写作，虽借鉴现代财政赋税学相关理论，但又并未局限于此，其论述落脚的根基仍在历史学本身的养料之中。至于最后论述的成效，则有待学界批评。

# 第一章　宋代田赋管理与征收制度

财政来源于税收。税收就是国家存在的经济体现。任何一个国家行使其公共权力，必然要以一定的物质资料为前提。但国家并不直接从事物质资料的生产，它主要是通过赋税的方式获取物质资料，进而以之为国家行政运转的物质基础。因此，赋税反映的是一种分配关系。它是国家依靠政治权力，强制对百姓所生产的物品进行再分配的行为，强制性、无偿性、固定性为其主要特征。为获取满足国家各种开支的物质收入，所有国家都毫不例外地制定了认为是“适宜”的税收制度。而任何“适宜”的税收制度，都由这些方面构成：税收的确立——对什么征税（征收对象）、税率多少，以及如何征收（征收的有效性）。只有充分考虑这些基本因素，并能随时宜变化进行调整，才能做到既满足国家开支需要，又不至因过度盘剥而破坏其税收基础，从而将国家推至危险的境地。

毫无疑问，税收的确立和征收都是建立在当时社会经济发展水平和政府组织管理能力基础之上的。有什么样的经济结构，就有什么样的税收构成。而政府组织征管能力的高低则直接影响到税收征收与使用的合理性与有效性。

古代社会以农业为主导经济，国家赋税主要也就是农业税。农业税，在历史上常称之为租、税、田赋，或者混称为税租、租税、赋税等。这些税收收入通常表现为实物或者货币形态（也有以劳役方式表现的力役之征）。不论征收实物还是货币，它所蕴含的寓意可以表明农业税其实是一种所得税（或者直接税）收入。由于计量度量的成本高昂，国家向百姓直接征收劳动所得税在古代施行难度很大，这要到近代以后才真正得到推广。古代国家的农业税征收通常是借一些变相指标实现。所谓变相指标，主要指的就是进行农业生产的生产要素，如人（劳动力）、土地（耕地）。劳动力与耕地的结合，是从事农业生产并获取农业收益的必要前提。因此，掌控住这两项最基本也是最重要的生产要素，并以之为征税对象，则国家的赋税收入的来源也就解决了。

中国自秦代以后的农业税收入主要表现为田赋（土地税）和丁口税（人头税）两种类型。在不同朝代，由于社会经济发展水平和国家组织程度的差异，究竟以土地还是丁口作为国家赋税征收的主要依据，或者二者并重，也就有所不同。如自秦汉至唐前期，国家赋税的重心主要来源于丁口税和户调，即人头税，而不是土地税。中唐以后，土地税的比重和地位逐渐提高，并在国家赋税中占据着越来越重要的位置，而丁口税（人头税）则逐步淡出，最终在清代完成向土地税的归并。因此，古代农业税的发展演进经历了一个由以人丁为本到逐步向田赋（土地税）靠拢的过程，目前已经基本成为一个共识了。“中唐以前，人头税和徭役是国家机器赖以运转的主要赋役基础；此后，田亩税逐步取代人头税，构成国家财政的主要收入；至清初‘摊丁入地’，田亩税遂成为农业税收的唯一形态。”① “从唐代后期实行两税开始，一直到明代的一条鞭法，清代的摊丁入亩，不断发生税制改革，而历次改革的基本精神是一致的，即按亩征收的田税和按财产征收的赋税越来越重要，按口、按丁、按户征收的赋税越来越退居次要地位。”②而宋代，无疑是这一赋税发展趋势的关键一环。

## 第一节 两税改革与田赋税收

中唐推行的两税法改革，标志着中国古代赋税由以人丁为主的

---

① 葛金芳：《两宋摊丁入亩趋势论析》，《中国经济史研究》1988 年第 3 期。

② 胡如雷：《中国封建社会形态研究》，生活·读书·新知三联书店 1979 年版，第 400 页。

人头税向以资产为主的财产税发生转变，这是中国古代赋税制度史上的一次重大变革。

两税法改革前，国家赋税主要来源于租庸调。租庸调是这样的一种赋税制度，它规定：凡授田者，每一丁每年向国家缴纳粟二斛（石），无粟之乡，可输稻三斛（石），是为“租”；“调”则根据本地乡土所产，缴纳绝、绢各二丈，绵三两，或者布二丈五尺，外加麻三斤；每一丁一年为国家服役二十天，若不服役，可以按“每日三尺”标准输纳，叫作“以庸代役”[①]。征收时的计量单位显示为“丁”。因此，租庸调是一种以人丁为主，以丁定赋，以“人丁为本”的赋税制度。如果我们再往前追溯，唐代租庸调的征收方式很大程度上来源于魏晋北朝的租调（户调）制，而租调（户调）仍是以户或丁为征收单位。汉代的赋税分田赋和算赋、口赋两个系统，通过对田赋课征量和人头税征收量的比较，人头税征收的比重远远超过以土地为依据的田赋征收量。[②] 至于秦代，虽有“使黔首自实田”的诏令，但《通典·食货》中明确指出秦赋税乃是“舍地而税人”[③]，也表明是以人丁进行课征。因此，中华帝制前中期的国家赋税征收是以人丁为本，“舍地而税人”，人头税征收为其主要特征。

人头税为主的赋税结构，固然是以劳动力（丁口）这一生产要素为主要征收依据和计量单位，但并不能因此否认土地作为重要生

---

① 杜佑：《通典》卷6，《食货六·赋税下》，王文锦、王永兴、刘俊文、徐庭云、谢方等点校，中华书局1988年标点本，第106—108页。另见刘昫等撰《旧唐书》卷48，《食货上》，中华书局1975年标点本，第2088—2089页；欧阳修、宋祁《新唐书》卷51，《食货一》，中华书局1975年标点本，第1342—1343页；王溥《唐会要》卷83，《租税上》，上海古籍出版社2014年标点本，第1813页。

② 赵冈据陈直所辑录汉代物价资料（陈直：《两汉经济史料论丛》，中华书局1958年版，第281页），指出在承平时期（如文帝）的丰年，谷价每石数钱，稍贵时不过数十钱，按每户平均耕地百亩，亩产粟一石，每石价三十钱，三十税一，则农户田赋只合百钱；而汉代算赋，每成人算一百二十钱，小口（七岁至十四岁）人二十三钱，则以一户三大口两小口计，则共付人口税达四百零六钱。人头税钱远远高于升平时期普通农户应付之田赋。参见赵冈《税租制度与土地分配》，《中国农史》2002年第3期。

③ 《通典》卷4，《食货四·赋税上》，第77页。

产资料要素在赋税征收中的基础地位。如作为唐代国家赋税来源的租庸调，唐人陆贽指出："有田则有租，有家则有调，有身则有庸。"① 租庸调的课税对象分别是田、户、身，而不完全来源于身丁。这就需要我们具体考量土地与身丁（劳动力）两种生产要素在国家赋税收入中所占地位与相互关系。

在宋代以前，一直存在着各种各样的"田制"，如井田、授田、限田、占田、均田等。这些"田制"尽管性质不一，却几乎都无一例外地以户或丁作为土地田制授受登记的基本单位。如井田授田以一夫一妇受田百亩为据，均田以丁口百亩授田。② 一夫（丁）授田百亩的"田制"文本规定，在帝制早期中国极具普遍性，而不论对每一民户或人丁而言，是否能够足额授受③。这种规定对于国家的积极意义在于，它以授受田土的方式表明了人地之间存在一种对应比例关系，如一丁就等于百亩土地。从赋税税收与百姓关系角度来说，税收会减少百姓的经济收益，人们对此有所反应，如逃税或避税为理所当然，这在古今中外皆然。对国家而言，赋税终究是一种田土产出所得税，不过是以生产要素为赋税征收的替代衡量依据，那么在清理赋税隐漏的过程中，也就是对生产要素进行清理的过程中，田土和人口的多寡对于国家来说同样重要。但清查田亩多寡隐漏的统计工作无疑是耗时、庞杂而招人怨恨，远没有清查人丁来得方便直接；更何况不论在哪一种田制之下，官僚贵族都是大量田土的占有者，而对这些田土的清查受到的阻力和反对更剧烈。因此，

---

① 陆贽：《陆贽集》卷22，《均节赋税恤百姓六条》，王素点校，中华书局2006年版，第715页。

② 除以丁口授田外，限田、占田、均田同时也是一种等级授田制，即官员依据品级高下各授予不同额度的田亩。

③ 先不论井田制是否存在，就以北朝至唐代均田制是否全国推行，以及民户丁口是否如实授受到如额田土，都值得怀疑。所幸吐鲁番文书的出土至少表明在西州、沙洲地区曾推行过均田制，但其授受田亩数额远较文本所载"永业田二十亩，口分田八十亩"要少得多。参见邓广铭《唐代租庸调法研究》，《历史研究》1954年第4期；［日］西嶋定生《从吐鲁番出土文书看均田制实施情况：以给田文书、退田文书为中心》，《中国敦煌吐鲁番学会研究通讯》1985年第1期；武建国《均田制研究》，云南人民出版社1992年版。

既然每一户（丁）与土地占有的对应关系对官府来说都是明确而有意义的，那么通过检括人户就可以大致明了土地的占有情况（尽管实际情况远非如此），进而推测每一丁（户）的收入产值，从而根据人丁多寡确定国家赋税征收比率，也就理所当然。这就是帝制早期国家很少检括田土，却非常注重对人丁复查的原因，也是中唐两税法改革前中国古代赋税征收以人丁为本的运行逻辑。

农业税的来源终究是要归之于土地，而不是人丁。如汉代的十五税一或三十税一，一般认为是按亩征收。[①] 汉末曹操平定河北后，下令“收田租亩四升”，也以田亩为征收和计量单位。唐代，租庸调为正赋，租的根源就是土地，不过却予以按丁征收。此外唐代还存在一种义仓税。贞观时规定，义仓税“王公以下垦田，亩纳二升”，“其粟麦粳稻之属，各依土地，贮之州县，以备凶年”[②]。永徽二年（651），由于“义仓据地取税，实是劳烦”，“宜令户出粟，上上户五石，余各有差”[③]。则改按亩征税为按户等收税。开元二十五年（739）定式：“凡王公以下，每年户别据已受田及借荒等，具所种苗顷亩，造青苗簿，诸州以七月已前申尚书省，至征收时，亩别纳粟二升，以为义仓。”[④] 再次强调义仓税，就是一种据亩而征的地税。但义仓地税毕竟不是国家正税。不过，地税这种征收方式却为中唐赋税改革提供了新的思路，此后的两税法改革才算真正开启了赋税由人丁向土地的转变。

中唐赋税改革的前提是均田制和租庸调法征收弊端百出，国家财政难以为继，不得不寻求新的出路。唐中期前后，所谓“官授田之法尽废”，一方面是在人口增长过程中国家再无余田可授，另一方面却不得不面对一些豪强巨室“田连阡陌”，“兼并四起”的现

---

① 韩连琪：《汉代的田赋口赋和徭役》，《文史哲》1956 年第 7 期。

② 《旧唐书》卷 49，《食货下》，第 2123 页；《通典》卷 6，《食货六 · 赋税下》，第 106 页。

③ 《通典》卷 12，《食货十二 · 轻重》，第 291 页。

④ 李林甫等：《唐六典》卷 3，《尚书户部 · 仓部》，陈仲夫点校，中华书局 1992 年版，第 84 页。

实。原有的赋税征收，国家通过“授田”方式，默认每丁、户都占有足额土地，却很少关注现实的百姓是否真正拥有田土（且不论是否足额），进而以人丁征税。对古今中外任何时代，逃避赋税都是保护自我利益的自然选择。更何况对于那些不足额授田，或者因为各种原因失去土地，根本就无田可耕的普通百姓来说，逃脱原有户籍控制，转徙他乡就是一种自然的也是必然的理性选择（因为个人对抗国家的成本更高昂）。逃户与国家对逃户检括的行为，如隋开皇年间的“大索貌阅”、开元时宇文融的检括田户等，就是帝制前中期国家与百姓之间围绕赋税征收展开的一组博弈关系反映。尤其是安史之乱爆发后，脱离政府户籍控制的这种逃户，也称“客户”，较之以往达到无以复加的程度。据杨炎在赋税改革前夕所言：“至德之后……凡富人多丁者，率为官为僧，以色役免；贫人无所入则丁存。故课免与上，而赋增于下。是以天下残瘁，荡为浮人，乡居地著者百不四五，如是者殆三十年。”[①] 如果说杨炎此言只是一个推测概数，那么元和年间衡州刺史吕温检查本州户口的统计，就更能说明问题。吕温通过检括，发现本州不承担赋役的“浮寄户”有16000—17000户，承担赋役的土户只有8257户，不课户居然占到总户数的66%—67.3%。[②] 这种状况，直接导致国家赋税收支体系几近崩溃。所谓“科敛之名凡数百，废者不削，重者不去，新旧仍积，不知其涯，百姓受命而供之，沥膏血，鬻亲爱，旬输月送无休息”[③]，并非无的放矢。因此，在“丁口流离转徙，版籍徒有空文”[④] 的现实下，国家赋税改革已经势在必行。

建中元年（780），唐德宗听从宰相杨炎的建议，正式在全国推行两税法改革。两税法规定：

① 《旧唐书》卷118，《杨炎传》，第3421页。

② 《唐会要》卷85，《定户等第》，第1846—1847页。

③ 《旧唐书》卷118，《杨炎传》，第3421页。

④ 马端临：《文献通考》卷3，《田赋考三·历代田赋之制》，上海师范大学古籍整理研究所、华东师范大学古籍整理研究所点校，中华书局2011年版，第65页。

凡百役之费，一钱之敛，先度其数，而赋于人，量出以制入；户无主客，以见居为簿，人无丁中，以贫富为差；不居处而行商者，在所州县，税三十之一，度所取与居者均，使无侥幸；居人之税，夏秋两征之，俗有不便者正之；其租庸杂徭悉省，而丁额不费，申报出入旧式；其田亩之税，率以大历十四年垦田之数为准，而均征之。夏税无过六月，秋税无过十一月。①

从这些条文，并结合其他资料，我们可以看到，两税法改革有以下成效。(1) 确立了国家财政预算制度，“凡百役之费，一钱之敛，先度其数而赋于人，量出以制入”。(2) 确立了课税主体：“户无主客”，“人无丁中”，一律以“现居为簿”，“以贫富为差”；对于商人，“在所郡县税三十之一”，使与“居者均”。也就是说，国家赋税课征主体为主户、客户和商人。(3) 确立了课税原则：“唯以资产为宗，不以身丁为本。”② (4) 确立了课税类别：分“居人之税”和“田亩之税”两种。(5) 确立了课征数额：对于“田亩之税，率以大历十四年（779）垦田之数为准而均征之”。(6) 确立了纳税期限：“夏税无过六月，秋税无过十一月。”(7) 确定了夏税征收钱，秋税征收粟麦斛斗。(8) 确定了赋税的分配为送使、留州、上供三分。③

通过改革，唐政府放弃了原来推行数百年以身丁为纳税对象和计税单位的税制，建立以户税（“居人之税”）和地税（“田亩之税”）为主干，分夏秋两季进行征收的新的国家赋税制度。在新税制下，一方面是国家扩大了赋税征收面，将居住于当地的主户、客

---

① 《旧唐书》卷118，《杨炎传》，第3421页。《唐会要》卷83，《租税上》，第1820页。

② 《陆贽集》卷22，《均节赋税恤百姓六条·其一论两税之弊须有厘革》，第722页。

③ 《唐会典》卷83，《租税上》，第1820、1821—1823页。

户、商人一并纳入征税范围；另一方面则对赋税课征两种生产要素并重，既重劳动力丁口和资产课征，也重土地资源课征。户税，主要依据民户户等高下课征累进税税钱；地税，则主要根据田亩多寡课征粟麦斛斗。而核心都在于“唯以资产为宗，不以丁身为本，资产少者则其税少，资产多者则其税多”①。这表明国家对百姓进行赋税征收的标准和依据已经由税丁转向税产，新税制实质上是一种以资产多寡为纳税依据的财产税了。此外，两税将中唐以来包括租庸调、户税、地税和各项杂税在内的诸多税收合并在一起征收，也达到了简化税制的目的。因此，两税法改革，将以往土地与人丁含混对应合一且主要集中在人丁之上的征收依据进行分离，分别根据户等高下和田土占有多寡课征不同的税率和税物，改变了赋税征收以人丁为主的方式，确定了以财产为新税征收的依据；另外由于扩大了赋税征纳面，也达到了增加国家财政收入的目的。因此，相较于以往的租庸调税制，两税征收方式无疑是一种更为合理有效的税收形式。

两税法赋税改革，不仅是唐代赋税史上的重大变革，也是中国古代赋役制度发展史上一个划时代的变革。从中唐开始，直至明中期“一条鞭法”推行，两税法在中国历史上沿用了700多年时间，影响可谓极其深远。而田赋征收精神作为帝制中晚期的国家主体赋税，却一直延续到民国时期。

宋承唐末五代之制。赋税制度方面，宋代可谓是唐之后第一个在全国范围全面推行两税法的朝代。但很明显，虽然同为两税，但唐宋两税的差异是较大的。李剑农先生就指出：“盖唐之两税，本以大历十四年之收支为标准。宋既承唐制，自属大历之法。然实则与其谓大历之法，毋宁谓为唐末五代之法。盖自建中颁定两税制后，时生变化，至五代割据时期，所谓两税，已非建中之旧。宋承

---

① 《陆贽集》卷22，《均节赋税恤百姓六条·其一论两税之弊须有厘革》，第722页。

五代之弊，两税遂呈变态。"[①] 建中两税法，庸调已并入两税钱内，不复有按丁口征收之调税与代表力役之庸税，但实行不久后就开始有假和市以按户课配、假召雇以强制征役行为；五代时江南两税外有“身丁钱米”征收，这些都为宋所承袭。建中两税按民户资产总和征税钱，按民户田亩多少征斛斗（米粟），税钱又常计钱折为绢帛；五代及宋，税钱已经不以资产总和为标准，而与斛斗并出于田亩。建中计丁口及资产定户等，是以之为两税钱征纳标准，而宋代定户等则是作为供役大小轻重的标准等。[②] 王棣先生则进一步指出，唐代两税不分乡村、坊郭，除“行商”外但凡“居人”都必须缴纳，而宋代则把征自京城及诸州、县、寨、镇的正税冠以“城郭之赋”，此为从唐代两税中划分而出的坊郭之税等。[③] 因此，所谓的宋承唐制，其实已有诸多变化了。

尽管如此，唐宋两税的发展演进趋势却是清晰的。如前所述，古代赋税制本是一种所得税（直接税）制，却因对所得收入衡量成本的高昂不得不以生产要素——土地和人口——为征税计量单位和征收依据，因此严格来说，国家赋税应该包含土地税和人头税两个部分。但如何确定二者在收入所得内的比重显然更困难，作为一种变通的简便方法，如果能够确定土地与人丁的对应关系，从而也就可以之为据，从更便捷的身丁统计中获取赋税收入。但由于人丁与土地分配之间的对应关系并不是真正意义上的完全对等，人地关系名不副实常常有之，这成为租庸调税制无法推行，转而施行两税法的根本原因。两税分户税与地税两种，户税以民户资产征收税钱，地税以田亩多少征收斛斗，“资产少者则其税少，资产多者则其税多”[④]。是一种较以人丁为本更合理的税制。

---

① 李剑农：《中国古代经济史稿》（第三卷），武汉大学出版社 1990 年版，第 204 页。

② 同上书，第 204—207 页。

③ 王棣：《宋代经济史稿》，长春出版社 2001 年版，第 277—281 页。

④ 《陆贽集》卷 22，《均节赋税恤百姓六条·其一论两税之弊须有厘革》，第 722 页。

但从税收制度文本到其具体运行，中间的误差可能非常大，带来的问题也就显而易见。问题主要来源于对资产轻重、田亩多寡的衡量与评估并不易为——如果对资产、田亩的衡量与评估不真实，那么很可能导致新一轮的赋税不均。这种情况宋代以后有明显改观，一方面是对民户资产评估划分户等不再作为纳税依据，另一方面则是宋代逐步开始全面核实田亩多寡肥瘠，并实现了将唐代户税钱合并入土地之中，一并进行缴纳的过程。因此，从这个意义上说，两税在宋代初步完成了向田亩单一税转化的过程。两税以田土为征收依据，也意味着帝制时期的中国赋税征收进入了一个全新的田赋运行阶段。

## 第二节　田土丈量与田赋籍簿

宋是第一个在全国范围内全力推行两税法的朝代。如前所述，宋代两税是一种纯粹以土地田亩为征收依据，分夏、秋两季征收的田亩税、土地税，即田赋。因此，对于宋代田赋，有三个方面的因素与环节必须要予以充分考虑。这就是土地登记、税额确定和征收过程。

毫无疑问，完整的土地资料对于田赋税收管理来说至关重要，它是保证田赋税制有效和公平的重要前提。从理论上说，田赋税额的确定需要根据土地的面积、种类、产量、租金、价值，不完整、不准确的土地资料带来的必然是税收的失实，进而可能造成纳税百姓财政负担的不公平。而税额的不公平则可能导致拖欠交税情况的发生，进一步导致征纳成本的提高。此外，完整的土地资料对于解决百姓土地财产纠纷等方面也是必不可少的。获取完整土地资料的前提就是土地丈量与调查，以及随之而行的登记制度。

事实上，出于赋税征收的考虑，古代中国一直非常重视对税籍的核查与登录。早在春秋战国时期，齐国、楚国、秦国就分别制定了征税的税籍。云梦秦简的出土揭示了秦代户口版籍的内容，包括有户主姓名、身份、籍贯（秦简称之为“定名、事、里”），家庭财产与类别。[1] 秦末萧何随刘邦入关中而首收籍簿。汉代税籍有“户版”“名籍”，凡列于名籍者称为“编户民”。曹魏、西晋皆有“户籍”。隋代统一全国后曾进行大索貌阅，建立了隋代的编户籍册。唐代在武德六年（624）三月，“令每岁一造帐，三年一造籍”。开元十八年（730）十一月敕：“诸户籍三年一造，起正月上旬，县司责手实计帐，赴州依式勘造。乡别为卷，总写三通，其缝皆注某州某县某年籍，州名用州印，县名用县印。三月三十日纳讫，并装潢一通，送尚书省，州县各留一通。”[2] 对户籍编制时间、份数、存储、格式、装潢、用印等皆作了严格的规定。这种情况，恰恰反映了帝制早中期国家赋税以户口为主要依据的事实。

唐代建中两税法改革，其田亩之税，也就是土地税征收，“以大历十四年垦田之数为准”。而这个田亩数额史籍并无所载，据此而定的赋税总额交代也并不清楚。但对很多地方政府来说，这个税额却是较为确定的，常称之为“元额”，且有一定的税籍簿册，似乎可以表明两税税籍是建立在一定的田土基础之上。而自晚唐、五代入宋，由于地方割据、战乱频仍，“版籍亡失，故户口、税赋莫得周知”[3]。因此，对于继五代而来重建的宋代国家来说，重建税籍就是实现国家赋税管理和征收必不可少的重要政府工作。

宋太祖建隆四年（963）颁诏：

> 向来州县催科，都无帐历。自今诸州委本州判官、录事参军点检逐县，如官元无版籍，及百姓无户帖、户抄处，便仰置造，即不得烦扰人户。令、佐得替日交割批历，参选日诠曹

---

① 《秦简·封诊式》，参见李伟民主编《法学辞海》第 3 册，蓝天出版社 1998 年版，第 1921 页。

② 《唐会要》卷 85，《籍帐》，第 1848 页。

③ 徐松辑：《宋会要辑稿》食货 69，刘琳、刁忠明、舒大刚、尹波等校点，上海古籍出版社 2014 年版，第 8093 页。

点检。①

该诏书指出，由于很多地方州县政府在征税时都没有“帐历”依据，因此太祖下令地方官长在官府没有籍簿，百姓没有户帖、户抄之处，重新置造版籍。次年，乾德元年（964）太祖再次下诏重申：“诸州版籍、户帖、户钞委本州判官录事掌之，旧无者创造。”② 所谓户帖、户抄，乃是官府发给每户的凭证，其上除开列该户应缴纳的税租数外，还详细开列该户所有的田地房屋的土色、亩步、间架、方位、四至等。③ 而版籍，就是官府登录民户户籍、地籍、税籍等资料的簿书，通常是户帖的汇总，在宋代包括有五等丁产簿、税租簿、保甲簿等。宋初自太祖开始，历太宗、真宗三朝，编置的版籍簿书除了二税征收依据的税租簿外，还有据户等高下而编排职役的五等丁产簿。此次在全国范围内大规模编置版籍簿书，就是以之为征收赋税、摊派职役的主要依据。为此，宋廷将编制户帖、户抄和与此相关的版籍工作作为地方行政管理和考核内容之一。据载，建隆初，馆陶令程迪就因“括田不均”，“决杖流海岛”④；左赞善大夫申文玮“奉诏按田”，商河令李瑶受赃被杖死，文玮因不察而“除籍为民”⑤。置造版籍诸事也才因此得到普遍推行。从宋初户帖所包括内容和前述对检田不力官员的贬斥情况来看，地方州县进行的田土丈量工作，应该有一定成效。尽管如此，宋初户帖具体情况的记录却仍多含混，相反作为二税征纳依据的税租簿编置情况却较为清晰。

税租簿是官府所掌控的税赋征收登记簿，也是二税课征的直接依据。对于税租簿的制定，太宗端拱元年（988）四月下令：“夏

---

① 徐松辑：《宋会要辑稿》食货69，建隆四年十月诏，第8054—8055页。

② 李焘：《续资治通鉴长编》卷4，乾德元年冬十月庚辰条，上海师范大学古籍整理研究所、华东师范大学古籍整理研究所点校，中华书局1992年标点本，第107页。

③ 中国历史大辞典编纂委员会编：《中国历史大辞典》“户帖”条，上海辞书出版社2000年版，第579页。

④ 李焘：《续资治通鉴长编》卷2，建隆二年夏四月甲午，第43页。

⑤ 同上书，第44页。

税籍以正月一日，秋税籍以四月一日，并限四十五日毕。”① 规定编制夏秋税租簿的时间，夏税税租簿于正月一日开始编制，秋税租簿于四月一日开始编制，均须在45日内编制完毕。至道元年（995）六月下诏再次重造州县二税版籍，并有统一之格式：

> 重造州县二税版籍，颁其式于天下。凡一县所管几户、夏秋二税、苗亩、桑功、正税及缘科物，用大纸作长卷排行宽写，为帐一本，送州覆校定，以州印印缝，于长吏厅侧置库，作板柜藏贮封锁。自今每岁二税将起纳前，并令本县先如式造帐一本送州，本县纳税版籍，亦以州印印缝，给付令佐。②

明确税租簿每年一造，须包含有一县所辖户数、二税正税与其他征收数额等诸项内容，起纳前须送州审核之后才发还给县邑，以之为催征二税的根据。另有三年一造的“实行簿”：

> 诸税租簿每三年别录实行副本，保明送州覆毕，印缝本州架阁。既有割移，别取状连黏，季申与实行簿同收。③

实行簿一样要送州核实，并由州留副本，以为后来核实之依据。尤其需要指出的是，实行簿规定须将发生变动的土地情况也要登记在内，这对税籍的准确性无疑极为重要。这种税租簿终两宋而始终存在，是国家正税二税田赋征收的直接依据。

但令人遗憾的是，这些籍簿资料的编置并没有将宋代赋税带入一种有效和公平的境地，相反，赋税不均在宋代随着时间的推移却日益突出。宋真宗就曾直言：“天下税赋不均，豪富、形势者田多

---

① 脱脱等：《宋史》卷174，《食货上二·赋税》，中华书局1985年版，第4204页。

② 李焘：《续资治通鉴长编》卷38，至道元年六月己卯，第817页。

③ 戴建国点校：《庆元条法事类》卷47，《赋役门》之《税租簿》，《中国珍稀法律典籍续编》（第一册），黑龙江人民出版社2002年版，第635页。

而税少，贫弱（者）地薄而税重，由是富者益富，贫者益贫。”[①]这显然与赋税基本精神即“资产多则税多，资产少则税少”，严重不符。税赋不均不仅直接侵蚀国家税基，影响国家获取财政收入，更严重的还会进一步激化社会阶级矛盾，造成国家政局的不稳。而宋初重造版籍不久，赋税不均现象就已经较为普遍，这当然与多方面复杂因素有关。但也颇让人怀疑宋初编置版籍资料时丈量田土的真实性。这种怀疑是有理由的：首先，史籍中对宋初编置版籍前检括田土的记载非常少；其次，宋初编置版籍分官民两类，百姓户帖情况的记载要远逊于官府对税租簿和丁产簿的重视程度，官府对后者的用力要远甚于前者。这也容易理解，因为税租簿和丁产簿直接关系到国家赋税征收和赋役征派，其对国家的重要性不言而喻。这就更让我们怀疑宋初对田土丈量及其对纳税籍簿的编录很可能仅是一种流于表面的形式。因为随后的历史显示，真正丈量田土并以之为据编置的土地资料绝不可能是悄无声息进行的。斯波义信、何炳棣则认为此时的田土丈量仍是自秦始皇以来就已经实行的自实（自己申报）政策，而不是国家实际田土丈量与调查。[②]

宋仁宗庆历（1041—1048）时，因为田土不清，很多官员开始倡导方田。如庆历三年（1043），郭谘、孙琳在洺州肥乡县“一千步方田法四出量括，遂得其数，除无地之租者四百家，正无租之地者百家，收逋赋八十万”[③]。欧阳修称千步方田法“括定民田，并无欺隐，亦不行刑罚，民又绝无词讼”[④]，要求全面推广这种清丈方法。随后郭谘均蔡州，田京均无棣，蔡挺均聊城、高唐，掀起了一次清量田土的小高潮。但可惜的是，这些方田行为最终以“重劳

① 徐松辑：《宋会要辑稿》食货1，第5947页。

② ［日］斯波义信：《宋代江南经济史研究》，何忠礼、方健等译，江苏人民出版社2012年版，第74页。何炳棣：《南宋至今土地数字的考释和评价（上）》，《中国社会科学》1985年第2期）则认为不仅宋初以受实为主，就是南宋时的经界法亦同样如此。

③ 李焘：《续资治通鉴长编》卷144，庆历三年冬十月丁未条，第3482页；另见《宋史》卷326，《郭谘传》，第10530页。

④ 欧阳修：《论方田均税札子》，《奏议》卷7，《欧阳修全集》（第四册），李逸安点校，中华书局2001年版，第1575页。

人”而罢。[①] 嘉祐（1056—1063）时，包拯为三司使，曾派人到各地清丈土地，随后也以“天下不能尽行”为由而草草收场。[②] 这也反映出宋初为编置版籍进行的检田可能真的只是一种过场与形式。

随后，宋代有过两次大规模的田土丈量与调查行动，一次是北宋神宗时期的方田，一次是南宋时期的经界。这两次对田土进行丈量和土地资料登录的行动，前所未见，对真正意义上的田赋制度推行起到至关重要作用。

1. 方田法

熙宁五年（1072），神宗因患田赋不均，开始推行方田均税法。《宋史·食货志》详细记载了神宗时推行方田的具体做法：

> 熙宁五年，重修定方田法，诏司农以《方田均税条约并式》颁之天下。以东西南北各千步，当四十一顷六十六亩一百六十步，为一方；岁以九月，县委令、佐分地计量，随陂原平泽而定其地，因赤淤黑垆而辨其色；方量毕，以地及色参定肥瘠而分五等，以定税则；至明年三月毕，揭以示民，一季无讼，即书户帖，连庄帐付之，以为地符。
>
> ……
>
> 若瘠卤不毛及众所食利山林、陂塘、沟路、坟墓，皆不立税。
>
> 凡田方之角，立土为埄，植其野之所宜木以封表之。有方帐，有庄帐，有甲帖，有户帖；其分烟析产、典卖割移，官给契，县置簿，皆以今所方之田为正。令既具，乃以济州巨野尉王曼为指教官，先自京东路行之，诸路仿焉。六年，诏土色分五等，疑未尽，下郡县物其土宜，多为等以其均当，勿拘以五。七年，京东十七州选官四员，各主其方，分行郡县，以三年为任。每方差大甲头二人、小甲头三人，同集方户，令各认

① 《文献通考》卷4，《田赋考四》，第99页。

② 李焘：《续资治通鉴长编》卷190，嘉祐四年八月己丑条，第4590—4591页。

步亩，方田官验地色，更勒甲头、方户同定。诸路及开封府界秋田灾伤三分以上县权罢，余候农隙。河北西路提举司乞通一县灾伤不及一分勿罢。

……

其后岁稔农隙乃行，而县多山林者或行或否。八年，……诏罢之。天下之田已方而见于籍者，至是二百四十八万四千三百四十有九顷云。①

该令文所记载的方田法，包括如下内容：（1）确定了方田单位；（2）确定了方田时间，为秋季收成之后的九月开始推行，或"岁稔农隙"推行；（3）确定了方田的组织体系，先是由县司官员主管土地丈量工作，后来选任专职方田官，每方差派大小甲头，连同方田户一起方田；（4）确定丈量土地类型与分等原则，如土地分"陂原"与"平泽"两大类，对土质又区分"赤淤"或者"黑垆"，然后根据土地肥瘠程度，划分为五种等级，分别课以不同税率；（5）设立了方田田土地标，"凡田方之角，立土为峰，植其野之所宜木以封表之"；（6）确立了方田田亩色等公示制度；（7）根据方田丈量结果，编制民户田土信息的方帐、户帖、庄帐，官府以契印认可，再据此编置版籍。

从上可知，方田并不仅仅是丈量田土，更主要的目的乃是以方田为契机和前提，"以地之等均定税数"，方田乃是为了"均税"。这也无可辩驳地表明，宋代二税就是以土地为征税依据，二税就是田赋。元丰八年（1085），神宗去世，方田法遂废除。在十二年间，先后实施方田计有开封府界、京东、河北、河东、陕西等路，大致上长江以北除京西路都已波及。②"天下之田已方而见于籍者，至是二百四十八万四千三百四十有九顷。"③

崇宁三年（1104），蔡京等言："神宗讲究方田利害，作法而

① 《宋史》卷174，《食货上二·方田》，第4199—4200页。

② 汪圣铎：《两宋财政史》，中华书局1995年版，第210—211页。

③ 《宋史》卷174，《食货上二·方田》，第4200页。

推行之。方为之帐，而步亩高下丈尺不可隐；户给之帖，而升合尺寸无所遗；以卖买，则民不能容其巧；以推收，则吏不能措其奸。”高度赞扬神宗方田之事，并且认为“今文籍具在，可举而行”①。此议得到徽宗认可。崇宁四年（1105），蔡京“取《熙宁方田敕》，删去重［复］冲改，取其应行者为《方田法》”②。再次推行方田法。宣和元年（1120），罢止方田。

方田既是有利于赋税均平的举措，又有切实可据的丈量方法，却行之未久而遭罢废。其主要原因在于方田法侵害了绝大多数豪富权贵阶层的利益。他们占田广众却承担赋役较轻，一旦方田为实，则其赋役倍增，因此反对情绪剧烈。为逃避赋役，豪富与官吏从中作祟，“贿赂公行，高下失实”之事，在在有之，如“有二百亩方为二十亩者，有二顷九十六亩方为一十七亩者”；“有租税十有三钱而增为二贯二百者，有租税二十七钱则增至一贯四百五十者”③。如此翻云覆雨、上下其手的手段，不仅违背了方田本意，甚至可能进一步激化原本已经较为尖锐的社会矛盾。另外也很难说这不与政府借方田而实施增税有关。从税制的合理安排来说，贫瘠无产之地自应无税，如神宗时“瘠卤不毛及众所食利山林、陂塘、沟路、坟墓，皆不立税”即是如此。但徽宗时蔡京等推行方田，“非特方田以增税赋，又兼不食之山方之，俾出刍草之直，民户因时废业失所”④。这种做法，显然不是以方田为定税之基础和前提，而是变为为增税而方田了。因此，徽宗朝时的方田法，不仅豪富反对，贫下之民亦反对，最终导致方田法废止。

2. 经界法

南宋立国，在兵火相接之际。北方沦陷，则北宋方田成果骤失大半，又兼兵火之中，税籍散失严重。绍兴十二年（1142），两浙转运副使李椿年上书进言，称：“井田制法坏，而兼并之弊生，其

---

① 《宋史》卷174，《食货上二·方田》，第4200—4201页。

② 徐松辑：《宋会要辑稿》食货4，第6037页。

③ 《宋史》卷174，《食货上二·方田》，第4202页。

④ 同上书，第4201页。

来远矣。况兵火之后，文籍散亡。户口租税，虽版曹尚无所稽考，况于州县乎。豪民猾吏，因缘为奸，机巧多端，情伪万状，以有为无，以强吞弱。有田者未必有税，有税者未必有田，富者日以兼并，贫者日以困弱，皆由经界之不正耳。”为此，他提出若行经界，可除十害，可得十利。如可除“人户告讦之风、官差骚扰之弊”，“不待根括陈告而公私分矣”；可除“产去税存、推割不得”之害，“不待推割而税随产去矣”；可除“官钱拘收有名无实”，“多寡有无不得而欺矣”；可除“税讼、追呼骚扰”，“据田纳税而无所争矣”等。[①] 高宗首肯后，于次年率先在两浙路推行经界法。

李椿年的经界法，具体推行办法如下：

> 今画图，合先要逐都耆邻保伍关集田主及佃客，逐坵计亩角押字，保正、长于图四止押字，责结罪状申措置所，以俟差官按图覆实。稍有欺隐，不实不尽，重行勘断外，追赏钱三百贯。因而乞取者，量轻重编配，仍将所隐田没入官。有人告者，赏钱并田并给告人。如所差官被人陈诉，许亲自按图覆实，稍有不公，将所差官按劾取旨，重行窜责。如所诉虚妄，从臣重行勘断。
>
> ……
>
> 欲乞令官、民户各据画图了当，以本户诸乡管田产数目，从实自行置造砧基簿一面，画田形坵段，声说亩步四至，元典卖或系祖产，赴本县投纳点检，印押类聚。限一月数足，缴赴措置经界所，以凭照对。画到图子，审实发下，给付人户，永为照应。日前所有田产虽有契书，而不上今来砧基簿者，并拘

---

① 徐松辑：《宋会要辑稿》食货 6，第 6104—6105 页。李心传在《建炎以来朝野杂记》中对李椿年所上经界不正十害归纳如下：“一、侵耕失税；二、推割不行；三、衙前及坊场户虚供抵当；四、乡司走弄税名；五、诡名寄产；六、兵火后，税籍不信，争讼日起；七、倚阁不实；八、州县隐漏多，公私俱困；九、豪猾户自陈税籍不实；十、逃田税偏重，故税不行。”（李心传：《建炎以来朝野杂记》甲集卷 5，《经界法》，徐规点校，中华书局 2000 年版，第 123 页）

入官。今后遇有将产典卖，两家各赍砧基簿及契书赴县对行批凿。如不将两家簿对行批凿，虽有契帖干照，并不理为交易。县每乡置砧基簿一面，每遇人户对行交易之时，并先于本乡砧基簿批凿。每三年将新旧簿赴州，新者印押，下县照使，旧者留州架阁。将来人户有诉去失砧基簿者，令自陈，照县簿给之。县薄有损动，申州，照架阁簿行下照应。每县逐乡砧基簿各要三本，一本在县，一本纳州，一本纳转运司。如有损失，并仰于当日赴所属抄录。①

在李椿年所推行经界法的具体过程中，与之前的方田法有很多相似之处，如设置专门经界机构“措置经界所”，根据田土高下划分田等，编置成资料登记册等。但与以往方田最大的不同，乃是编置包含更细致土地详细资料的砧基簿。从上文中可知，编置砧基簿之前先要“画图”，而“画图”是由田主自实自绘，或请人绘制，还要注明亩脚数字、四至、地势、肥瘠、税率和税额等，然后田主和佃客在“画图”上逐坵计亩脚，依次押字，保正长则在地图四至押字，责结罪状，申报经界措置所，等候差官覆实。这些由田主自绘的图页，集合起来，就构成“草图”。地方政府再将草图照誊成四份“正图”，每页加盖一印章，一份发还田主，其余三份，按照乡、都、保装订成册，“一本在县，一本在州，一本纳转运司”，以之为田土产权证明书、推割文件与备查档案。而正图就是砧基簿。砧基簿对田土资料登记的翔实程度显然要远甚于以往方田时而推行的户帖制度。经界之后的砧基簿的推广，导致了南宋户帖制度的逐渐消亡，户帖为砧基簿所取代。②

关于经界，时人周葵曾质问李椿年行经界是为均税还是增税，李椿年以“何敢增税”答，表示行经界乃是为了均税而不是为了增

① 徐松辑：《宋会要辑稿》食货6，第6106页。

② 刘云、刁培俊：《宋代户帖制度的变迁》，《江西师范大学学报》2009年第6期。

税。[①] 这显然是符合当时普通百姓的心声的。据稍后的王之望在四川潼川路九州三十七县调查显示，三十三万三千余税户中，“愿行经界者一十七万七千五百余户”，“愿用旧税者一十五万六千一百余户”[②]，拥护经界者为多数。绍兴三十一年（1161）资州乡贡进士刘冕就言：“昔李椿年举行经界，其实均两税之要也。……经界之行，保伍与民俱凑于田，执契验田，不容诡冒，量田顷亩、土色、肥瘠，以定税多少，而赋输之轻重以之。”[③] 对李椿年经界法给予高度评价。

但经界法的这些便利，尤其是李椿年行经界法必须要对照田土打造砧基簿，建立土地图册，对清查欺隐田产和逃避赋税行为，得罪了不少缙绅士大夫和地方豪强大户，因此对李椿年进行诋毁、谩骂之声不绝于耳，甚至在正史《宋史》中，竟然无李椿年传。但需要注意的是，攻击李椿年者都不是攻击经界法本身，而是对于经界无关的个人品德和居心的谩骂。因此，经界法带来的便利虽累世而受称赞。如稍晚于李椿年的朱熹就盛赞李椿年经界法：“经界最为民间莫大之利，绍兴已推行处，公私两利。”[④] 因此，尽管有各种非议，但自绍兴十三年两浙路首行经界法开始，就逐步推广遍行于天下。到绍兴十七年（1147），除沿边或地广人稀的两淮、京西、湖北等路及福建漳、泉、汀等州外，东南经界大体完成。次年又进行复查。之后在四川地区推广，至绍兴二十八年（1158），除沿边泸、叙、长、宁等州外也告结束。

南宋时的经界，除李椿年必须打量图画，置造砧基簿方法外，还存在有如王鈇推行的手实法、推排法。李椿年在丁母忧期间，由王鈇代理经界。王鈇行经界法时，以“施行简易，不扰而速办”为名，

---

① 李心传编撰：《建炎以来系年要录》卷151，绍兴十四年五月甲戌条，胡坤点校，中华书局2013年标点本，第2860页。

② 王之望：《汉滨集》卷5，《论潼川路措置经界奏议》，文渊阁《四库全书》本，上海古籍出版社2003年版，第1139册，第725页上栏。

③ 徐松辑：《宋会要辑稿》食货10，第6201页。

④ 《宋史》卷173，《食货上一·农田之制》，第4177页。

“更不须图画打量、造纳砧基簿”，“止令逐都保先供保伍帐，排定人户住居去处”。“每十户结为一甲。从户部经界所立式，每一甲给式一道，令甲内人递相纠举，各自从实供具本户应干田产亩角数目、土风水色、坐落去处、合纳苗税则例，具帐二本。”① 王法是以保甲内联保自实，以甲为单位，简单易行而较粗略，李法则是必须要“图画打量，造纳砧基簿”，以户为单位，虽散漫却较为精细。就如不少学者所指出的，由于李椿年编置砧基簿程序烦琐，很多地方为求速成，实际上偏离了李椿年所推行的办法，更多的是以推排和自实法为主。②这些以推排或手实进行经界固然便利，但其对土地丈量与登记的实际效果与建立在砧基簿之上的经界而言，无疑要逊色很多。

而对于南宋后期如朱熹、赵师嵒等一些地方官员来说，则不仅继承了李椿年经界法精神，甚至将之更往前推进。如淳熙年间，针对泉、漳、汀等未推行经界处，朱熹建言：“经界最为民间莫大之利，绍兴已推行处，公私两利。独泉、漳、汀未行，臣不敢先一身之劳逸，而后一州之利病，切独任其必行也。然必推择官吏，委任责成；度量步亩，算计精确；画图造帐，费从官给；随产均税，特许过乡通县均纽，庶几百里之内，轻重齐同。”③ 认为经界土地，必须要精选官吏，避免因人坏法；必须要度量步亩，算计精确；经界不必限于一乡之内，而是随产均税。朱熹还认为，“打量纽算、置立土封，桩标界至”之余，还要“分方造帐，画鱼鳞图、砧基簿”④。将画鱼鳞图册和制定砧基簿视为经界的必然举措。

事实上，如上引李椿年经界编置砧基簿前的“打量画图”可知，砧基簿在很大程度上就是绘制田亩形制的鱼鳞图册的前身。嘉定年间，婺州行经界法时，“向之上户析为贫下之户，实田隐为逃

① 徐松辑：《宋会要辑稿》食货6，第6107页。

② 何炳棣：《南宋至今土地数字的考释和评价（上）》，《中国社会科学》1985年第2期。

③ 《宋史》卷173，《食货上一·农田之制》，第4177页。

④ 朱熹：《朱子全书·晦庵先生朱文公文集》卷100，《晓示经界差甲头榜》，朱杰人、严佐之、刘永翔主编，刘永翔、朱幼文校点，上海古籍出版社、安徽教育出版社2002年版，第4624页。

绝之田者，粲然可考。凡结甲册、户产簿、丁口簿、鱼鳞图、类姓簿二十三万九千有奇，创库匮以藏之”[①]。则是首次明确南宋晚期地方推行经界法时已经开始编置鱼鳞图册了。

鱼鳞图是中国古代最为详尽的土地地籍资料，其主要特点晚明时人唐鹤征有一个非常透彻的论述：“旧制丈量之法，有鱼鳞图。每县以四境为界，乡都如之。田地以丘相挨，如鱼鳞之相比，或官或民，或高或圩，或肥或瘠，或山或荡，逐图细注，而业主之姓名随之，年月卖买，则年有开注，人虽变迁不一，田则一定不移，是之谓以田为母，以人为子，子依乎母，而的的可据，纵欲诡寄埋没，而不可得也。此鱼鳞图之制然也。”[②] 这种鱼鳞图，与我们上文所述砧基簿极为相似，不过论述更清晰。因此，我们完全可以认为，南宋嘉定年间在婺州进行经界时所推出的鱼鳞图，就是明初进行大规模田土丈量后所建立鱼鳞图册的主要源头。而此时，距南宋灭亡已百余年。

宋代进行的这两次大规模田土丈量和调查工作，一方面清理出大批隐漏田产，另一方面又根据调查情况，将每一田土所含的具体信息，包括田主姓名、面积四至、土地色等、高下肥瘠，甚至纳税税额等，一一作了登录，建立起相对完整的土地信息登记簿册。这些地籍簿册在北宋时为户帖，至南宋发展为更加细密的砧基簿。北宋时的户帖主要是民户自执的土地产权信息执照，官府一般依据民户户帖而建立专门作为征税依据的税租簿。户帖为民户单一凭证，税租簿乃是统计一县内民户户帖信息簿册。砧基簿则不同，它既是民户土地执照，也是土地信息登记表，还是纳税征税依据，一定程度上和税租簿交叉重合。砧基簿除民户自有底本外，还有三册，“一本在县，一本在州，一本纳转运司”。宋代的田土丈量与调查所建立的地籍资料与税租簿基本实现了对应衔接，从而首次在完整意义上确立了以土地为二税征纳依据的税收制度。

---

① 《宋史》卷173，《食货上一·农田之制》，第4179页。

② 唐鹤征：（万历）《武进县志》卷3，《额赋》，转引自《顾炎武全集·天下郡国利病书（二）》，《常镇备录·武进县志·额赋》，顾宏义、严佐之、严文儒校点，上海古籍出版社2012年版，第721页。

如所周知，对于一项基本税收制度，征收对象的准确与确定非常重要。以田赋土地税来说，丈量调查田土并制定完整准确的土地资料是确定征收对象和依据的重要前提。但进行一次令人满意的土地丈量和地籍调查工作需要大量的人力、物力、技术、资金投入，这却成为阻碍国家与政府进行田土丈量与调查的一个重要核心因素。唐代后期虽制定并推行两税法改革，确立了以资产为征税原则，但在中央权力衰微、地方割据势力坐大的现实下，进行田土调查的可能性微乎其微，所以只能以大历年间垦田数为额。由于缺乏丈量调查土地的准确数据，田土占有不实与赋税不均并没有因为两税法的推行而得到根本改变。这种状况的持续发展，必然是损害国家税收，进而引发严重的社会后果。因此，在宋代一统后，要求进行土地丈量工作已经迫在眉睫。宋王朝的统一，中央权力的进一步集中，使大规模丈量与调查田土成为可能，而严整的丈量方法与籍簿体系则是土地丈量与调查工作行之有效的重要保障。宋代所进行的这两次丈量田土运动，就是重整国家税制的必然过程。正是因为方田和经界法的推行，绝大多数地区的田土状况才有了较为准确的基本数据。可以这么说，宋代的田土丈量运动奠定了帝制晚期中国田土的基本丈量方法、指导原则、与基本田土信息资料，中国古代赋税才走上真正意义的“田赋”阶段。

很显然，一次完整的土地调查与丈量工作，能够提供较准确的土地状况信息，进而建立土地色等差异与赋税缴纳关系对应的籍簿资料。但这种称之为“完整”的土地调查与丈量，却非常不易为。就以宋代所进行的这两次田土调查与丈量工作来说，很多反对者对此予以攻击的理由之一就是清丈官员不能如实丈量，反而导致劳民伤财而成效不显。这样的情况不论在方田还是在经界时都存在，甚至主持方田、经界工作的王安石、李椿年、朱熹等人也都认识到会有这种情况发生。出现清丈不实是由多种因素造成的。这里面固然有清丈官员素质不高，与豪强权势之家互通音讯，贪腐贿赂，进而在丈量调查时上下其手、翻云覆雨、狼狈为奸的原因，但也有各地地况复杂，技术性清查工作难度较大，又缺乏实地丈量的变通之策，导致清丈不实的原因。因此，田土丈量工作很难做到尽善尽美。即便是在现代社会下，也很难说不会出现上述弊端。宋代进行清丈时，也只能再三强调，“必推择官吏，委任责成；度量步亩，算计精确；画图造帐，费从官给；随产均税，特许过乡通县均纽，庶几百里之内，轻重齐同”①。

“朝廷推行经界，本为富家多置田业，不受租产，贫民业去产存，枉被追扰，所以打量步亩，从实均摊，即无增添分文升合。虽是应役人户日下不免小劳，然实为子孙永远无穷之利。”② 丈量田土，编置籍簿，可定纳税依据，可均平赋税，其对赋税征纳的重要性已如上文所述之。而大规模丈量田土之不易，也为所周知。③ 随之而来的另一个问题是，以田土丈量和调查为基础编制而成的地籍簿册，并不能反映随时发生变化的土地实际状况。自从进入宋代以后，“千年田换八百主”，田土买卖频率与流转速度明显加快，地权关系不再凝固不变。另外还有一些其他原因导致土地状况发生变化，如洪水可能冲走大片田土或使良田成为不毛之地，又如水利工程的建设与改进可能导致贫瘠土地变为良田，等等。这些土地状况发生改变，如果没有随时记录，则国家土地地籍信息，尤其是与赋税的对应关系就可能完全失实。

在土地关系随时发生变化的诸多情况中，对于土地买卖发生税租“推割”，宋廷有完备的处理制度。绍兴十六年（1246）六月户部下条：“诸典卖田宅应推收税租，乡书手于人户契书、户帖及税租簿内，并亲书推收税租数目并乡书手姓名。税租簿以朱书，令、佐书押。”倘若乡书手及令佐不依程序办理，有严惩办法：“又，诸典卖田宅应推收税租，乡书手不于人户契书、户帖及税租簿内亲

---

① 《宋史》卷173，《食货上一·农田之制》，第4177页。

② 《朱子全书·晦庵先生朱文公文集》卷100，《劝农文》，第4626页。

③ 中国古代大规模的田土丈量与调查工作，宋代有两次（即北宋方田与南宋经界），明代有两次（洪武、万历），清代确定征税依据的《赋役全书》，乃是据明万历田土而来，并未进行大规模田土丈量。但小范围内的田土清丈与调查工作则随时而进行。参见王业键《清代田赋刍议》，高风等译，人民出版社2008年版，第27—28页。

书推收税租数目、姓名、书押令佐者，杖一百，许人告。又，诸色人告获典卖田宅应推收税租，乡书手不于人户契书、户帖及税租簿内亲书推收税租数目、姓名、书押令佐者，赏钱一十贯。”① 而对于由其他因素导致田土变更情况的记载则较不明确。

综上所述，宋代进行的田土丈量与调查登记工作，尤其是南宋经界法的推行，尽管很难做到尽善尽美，但其成效和功绩有目共睹，即不论在检括田土还是在均平赋税方面，经界法都取得了较好效果，其检田方式和编制砧基簿直接对明代丈量田土、绘制鱼鳞图册地籍系统产生重要影响。但其遗憾之处也非常明显，相较于方田尚且有统计田亩数字而言，南宋经界法缺乏全国统计数字记载，这又极大地限制了我们对宋代社会经济与赋税研究的进一步深入探讨。

## 第三节　田亩税率与田赋定额

宋代全面推行以田土为征收对象的田亩二税，即田赋，从理论上说，必然要涉及对每一田亩征收税率的问题。税率是确定田赋税制的另一个重要组成部分。每亩征纳的税率与田亩面积相乘的数值，就是每一田主缴纳的田赋税额。扩展到一县，就是一县缴纳之税额，一州则为一州之税额，一路则为一路之税额，乃至全国范围的纳税总额。

对于同样是以田亩为征收依据的税制，税率的确定却有几种不同的选择：究竟是以田亩面积，还是以田亩价值（年租金），或者以田亩产量为征收依据，其实都需要作深入考量。中国古代的田亩税，基本是以田亩面积为征收依据，即每亩收税多少。田主应缴纳的赋额由其拥有的土地面积和每亩征收税率得出。这种税率可以是统一税率，也可以是级差税率。统一税率，即所有土地不论其质量、地形、灌溉系统和距离市场的远近等方面的差别，一律按不变税率征收。级差税率，则根据土地的产量和用途，以及上述诸般与生产相

---

① 徐松辑：《宋会要辑稿》食货69，第8059页。

关的各种条件，如土地地形、肥瘠、高下、色等、灌溉等方面，将其分成若干等级，等级高的适用高税率，等级低的适用低税率。

如前文所述，虽然两税法改革以前的赋税征收以人丁为主要征收依据和对象，但事实上仍有一些赋税以田亩来缴纳。如春秋时期的齐国军赋已是“案田而税”，其税率上年为15%，中年为10%，下年为5%，上、中、下年平均为什一之税，即10%。[①] 汉初田租税率为十五而税一，即6.6%；文景之际，田租税率三十而税一，则税率低至3.3%。此后汉代田租税率一直在3.3%—6.6%徘徊。曹操平定河北后，规定田租亩收租粟四升，则是中国古代田亩税税率首次在分成税率基础上出现定额税税率。此后，魏晋至隋唐，田租定额税率较为普遍，如唐代租庸调虽以人丁为本，但租显然是属于田亩税，岁纳租粟二石。又如唐代的义仓税，也是据地而出税，规定“亩别纳粟二升，以为义仓”，仍属于定额租税。定额租税较之分成租税，其进步意义自不待言。但就以上述诸定额税税率来看，并没有根据地等色差不同而分别施以不同税率，其所推行的税率乃是一种统一税率。两税法之后，以资产多寡定税，尤其是在宋代确立了田亩税为主的二税田赋征收方式，统一税率的不均平性愈发突出，级差税率逐渐成为宋代田赋税率的主流形式。

在讨论税率与税额问题之前，有必要先明确宋代田赋征纳物品的组成。据《宋史·食货志》载：

岁赋之物，其类有四：曰谷，曰帛、曰金、铁，曰物产是也。

谷之品七，一曰粟，二曰稻，三曰麦，四曰黍，五曰穄，六曰菽，七曰杂子。

帛之品十：一曰罗，二曰绫，三曰绢，四曰纱，五曰绝，六曰䌷，七曰杂折，八曰丝线，九曰绵，十曰布葛。

金铁之品四：一曰金，二曰银，三曰铁、镴，四曰铜、

① 参见郑学檬主编《中国赋役制度史》，上海人民出版社2000年版，第19页。

铁钱。

物产之品六：一曰六畜，二曰齿、革、翎毛，三曰茶、盐，四曰竹木、麻草、刍莱，五曰果、药、油、纸、薪、炭、漆、蜡，六曰杂物。①

《文献通考》卷4和《宋会要辑稿》食货70之1对于每一种税物，又有更详细的分类，如“粟之品七”，包括粟、小粟、粱谷等七类；“稻之品四”，有粳米、糯米、水谷、旱稻等四类；还有如“麦之品七”“黍之品三”，等等，不细举。另据熙宁十年（1077）二税收入状况可知，有银、钱、斛斗、匹帛、丝绵、草料等数种类型。② 如上数类，主要是粮食（斛斗）、布帛、货币（钱和银）或其他具体需用实物。这与中唐初行两税法时征取的物品，夏税征钱，秋税征粮，已经有较大不同。这种不同，显然与宋咸平三年（1000）的诏令有关：“国初二税，输钱、米而已，咸平三年始令州军以税钱、物力科折帛绢，而于夏（科）［料］输之，此夏折帛之所从始也。”③ 宋代两税以税钱折科绢帛或其他实物，就自此而始。神宗推行方田均税法时，规定：“夏税并作三色：绢、小麦、杂钱；秋税并作两色：白米、杂钱。”④ 显然又有所变化。南宋时期，夏税绢细丝绵又按比例折征钱，则田赋征收货币（含纸币）明显超过北宋，又是一大变化。

二税田赋征收物品既如此复杂，则田亩税率显然不容易轻易确定。在北宋前中期，所谓“大率中田亩收一石，输官一斗”⑤，“亩税一斗者，天下之通法”⑥，强调的税率乃是一种统一税率，且主要是

---

① 《宋史》卷174，《食货上二·赋税》，第4202—4203页。

② 《文献通考》卷4，《田赋考四》，第96—97页、第103页。

③ 徐松辑：《宋会要辑稿》食货64，第7751页。

④ 徐松辑：《宋会要辑稿》食货4，第6035页。

⑤ 张方平：《张方平集》卷14，《刍荛论·税赋》，郑涵点校，中州古籍出版社1992年版，第178页。

⑥ 沈括：《梦溪笔谈》卷9，《人事一》，胡静宜整理，《全宋笔记》第二编，大象出版社2006年版，第78页。

针对征收粮食而言，很可能只是秋税征收税率，而不能代替整个二税田赋税率。就如下文我们将要广泛予以揭示那样，实际税率征收主要是级差税率，而不是统一税率。另外各地情况差异比较大，官府规定每亩征收品类不同、数额不同、折算办法不同，都可能导致征收数额的变化。甚至在宋代不同时期，税率都可能有不小差异。

《淳熙新安志》详细记载了南宋时期徽州地区所征缴的二税田赋具体税率，可以作为我们理解宋代田赋税率基本情况的一个重要资料。现将全文转录如下：

> 新安三壤之则：歙、休宁、祁门、绩溪、黟上田园：每亩税钱二百，为夏税紬四寸，绢一尺三寸，布一尺，绵三钱；见钱五十五，盐钱十二，脚钱十二，此三色杂钱者又折变为绢四尺三寸，绵四钱五分，麦一升二合；秋苗则米二斗二升，耗米四升四合，盐钱十二，义仓二升二合。
>
> 中田园：每亩税钱百五十，为夏税紬三寸，绢一尺二寸五分，布五寸，绵二钱；见钱四十三文七分五厘，盐钱九文，脚钱八文，三色杂钱又折变为绢三尺四寸，绵三钱，麦九合；秋苗则米一斗七升七合，耗三升五合，盐钱九文，义仓一升九合。
>
> 下田园：税钱每亩百文，为夏税紬一寸二分，绢一尺五寸，布二寸五分，绵一钱；见钱二十七分五厘，盐钱六文，脚钱六文，三色杂钱又折变为绢二尺二寸，绵一钱五分，麦六合；秋苗则米一斗三升三合，耗二升七合，盐钱六文，义仓一升三合。
>
> 大率上田产米二石者，田主之收什六七，夏秋之税度用钱二千八百，自余中田、下田，以次率之，此其大凡也。①

为方便明了，现据此而做成“宋代徽州田赋税率表”，见表1：

① 罗愿：《新安志》卷2，《叙贡赋·税则》，《宋元珍稀地方志丛刊·甲编》，李勇先校点，四川大学出版社2007年版，第47页。

表 1　**宋代徽州田赋税率**

| | 上田 | | 中田 | | 下田 | |
|---|---|---|---|---|---|---|
| | 田赋税率 | 折征实物 | 田赋税率 | 折征实物 | 田赋税率 | 折征实物 |
| 夏税 | 钱 200 文 | 䌷 0.4 尺<br>绢 1.3 尺<br>布 1.0 尺<br>绵 3 钱 | 钱 150 文 | 䌷 0.3 尺<br>绢 1.25 尺<br>布 0.5 尺<br>绵 2 钱 | 钱 100 文 | 䌷 0.12 尺<br>绢 1.5 尺<br>布 0.25 尺<br>绵 1 钱 |
| 杂钱 | 见钱 55 文<br>盐钱 12 文<br>脚钱 12 文 | 绢 4.3 尺<br>绵 4.5 钱<br>麦 0.12 斗 | 见钱 43.75 文<br>盐钱 9 文<br>脚钱 8 文 | 绢 3.4 尺<br>绵 3 钱<br>麦 0.09 斗 | 见钱 27.5 文<br>盐钱 6 文<br>脚钱 6 文 | 绢 2.2 尺<br>绵 1.5 钱<br>麦 0.06 斗 |
| 秋苗 | 米 2.2 斗<br>耗 0.44 斗<br>义仓 0.22 斗<br>盐钱 12 文 | | 米 1.77 斗<br>耗 0.35 斗<br>义仓 0.19 斗<br>盐钱 9 文 | | 米 1.33 斗<br>耗 0.27 斗<br>义仓 0.13 斗<br>盐钱 6 文 | |
| 合计 | 见钱 291 文<br>米 2.86 斗 | 279 文已折实物（如上） | 见钱 213.75 文<br>米 2.31 斗 | 204.75 文已折实物（如上） | 见钱 145 文<br>米 1.73 斗 | 139 文已折实物（如上） |

在此表中，我们可以看到南宋淳熙时徽州地区田赋由夏税、秋苗和杂钱三部分组成，其中夏税、杂钱以钱计，秋苗主要以粮食计。对于夏税钱和杂钱折科为䌷、绢、布、绵，明显是受咸平三年折科令所致。再者，可以看到徽州田土分三等色，上田、中田、下田，每一等色田亩则征收以不同的税率。

宋代各地田赋税率记载很多，却很少有如徽州田赋税率这般高。同书还记载了徽州临近的其他各县征税税率，如：

> 太平之接于歙县者，其田亦三等，税钱自十二至九文，苗米自一斗三升九合至一斗有半；浮梁之接祁门者，税钱自二十四至十四，苗米自五升五合至三升三合；旌德之接绩溪者，税钱自六十至四十，米自一斗八升八合至一斗四升；开化之接休

宁者，税钱自七文至四文八分，米自四升四合至三升；石埭之接黟者，税钱自十二至八文，米自一斗一升七合至六升五合。①

在徽州邻近各县，田赋也分三等，每亩税钱在十文上下，米数升至一斗，税率明显较徽州为低。抛开税率高低不论，上述状况可视为田亩级差税率征收在宋代已经具有普遍性了。因为这种情况不仅在徽州地区如此，就是在我们其他各种史籍记载也同样如此。

宋代各地田赋和税率之差异，目前所见典籍和方志中均有一些记载。现据部分所见资料整理如表2：

表2　**宋代部分地区田赋税率**

| 地区 | | 夏税（钱/亩） | 秋苗（升/亩） | 文献来源 |
|---|---|---|---|---|
| 浙西路 | 临安府新城县 | 田，绢3.4尺<br>桑地，绢4.82尺 | 田，米15.2升 | 《宋会要辑稿》食货70之58 |
| | 平江府常熟县 | 中等，4.4文<br>下等，3.3文 | 中等，米8升<br>下等，米7.4升 | 《琴川志》卷6 |
| | 镇江府丹阳县 | 上、中等田，有绵；地有丝绵、大小麦<br>下等田，无绵；地有大小麦<br>不及等田无税；地绢0.1文，盐钱1文 | 上等，米5升<br>中等，米4.5升<br>下等，米4.5升<br>不及等，米1升 | 《至顺镇江志》引宋人蔡逢《丹阳志》 |
| 浙东路 | 衢州开化县 | 钱7文至4.8文 | 米4.4升至3升 | 《新安志》卷2 |
| | 绍兴府诸暨县 | 钱4.6文 | 米4升 | 《宋会要辑稿》食货10之26 |

① 罗愿：《新安志》卷2，《叙贡赋·税则》，《宋元珍稀地方志丛刊·甲编》，李勇先校点，四川大学出版社2007年版，第49页。

续表

| 地区 | | 夏税（钱/亩） | 秋苗（升/亩） | 文献来源 |
|---|---|---|---|---|
| 江东路 | 宣州太平县 | 钱12文至9文 | 米15升至13.9升 | 《新安志》卷2 |
| | 宣州旌德县 | 钱60文至40文 | 米18.8升至14升 | 《新安志》卷2 |
| | 饶州乐平县建节乡 | 钱13文至9文 | 米3.8升至2.8升 | 《新安志》卷2 |
| | 饶州鄱阳县 | 钱10文至7文 | 米4升至2升 | 《新安志》卷2 |
| | 饶州浮梁县 | 钱24文至4文 | 米5.5升至3.3升 | 《新安志》卷2 |
| | 池州石埭县 | 钱12文至8文 | 米11.7升至6.5升 | 《新安志》卷2 |
| | 池州青阳县 | | 上等田，米30升 | 《建炎以来系年要录》卷165 |
| | 池州贵池县 | | 上等田，米4升 | 《建炎以来系年要录》卷165 |
| | 池州建德县 | | 上等田，米4.7升 | 《建炎以来系年要录》卷165 |
| | 池州东流县 | | 上等田，米6升 | 《建炎以来系年要录》卷165 |
| | 徽州婺源县 | 上田，钱42文<br>中田，钱40文<br>下田，钱38文 | 上田，米4.2升<br>中田，米4升<br>下田，米3.8升 | 《新安志》卷2 |
| | 徽州歙县、绩溪、休宁、祁门、黟县 | 上田，钱200文<br>中田，钱150文<br>下田，钱100文 | 上田，米28.6升<br>中田，米23.1升<br>下田，米17.3升 | 《新安志》卷2 |

续表

| 地区 | | 夏税（钱/亩） | 秋苗（升/亩） | 文献来源 |
|---|---|---|---|---|
| 福建路 | 福州 | 中等，钱4.4文至4文<br>下等，钱3.7文 | 中等，8升<br>下等，7.04升 | 《宋会要辑稿》食货1之23，《淳熙三山志》卷10 |
| 湖北路 | 鄂州 | | 上等，6升<br>中等，4升<br>下等，2升 | 《历代名臣奏议》卷258李椿奏 |
| | 岳州 | | 2.4升 | 《宋会要辑稿》食货70之37 |
| 广东路 | 连州 | 上之上等，布6尺折钱240文，每降一等，递减6存 | 上之上等，米4升 | 《永乐大典》卷11907，引《潢川志》 |
| 潼川府路 | 纯州<br>平江县 | | 2.4升 | 《建炎以来系年要录》卷185 |

在表2中，除极少数地区（如岳州、纯州等）实行统一税率外，绝大多数地区的田赋税率是等级级差税率，而征收物品也基本是夏钱秋粮，或者是夏布（绢帛）秋粮。

田赋税率是由多种因素决定的。宋代税率主要是定额税率，决定性的关键因素自然是地区社会经济发展水平。但当时为何全国各地田赋税率差别如此之大，如徽州与其他各地差别有至数十倍者，则显然不是社会生产发展差异的原因。这个问题就和税额有关了。

税率和税基既已明确，似乎征收税额就没有问题。但实际情况却又并非如此。这与两税法推行以来，所谓的赋税“原额”有关。

我们在前文已述，建中两税法改革，对田亩之税的征收标准是以“大历十四年垦田之数为准而均征之”①。大历年间垦田数据我

① 《唐会要》卷83，《租税上》，第1820页。

们不得而知，征收税率也难知，则所谓的“均征”，各地纳税额其实差别极大。据《唐会要》记载，两税制定乃是“令黜陟观察使及州县长官，据旧征税数，及人户土客，定等第钱数多少，为夏秋二税”①。陆贽在对两税法进行批评时指出，两税“复以创制之首，不务齐平，但令本道本州，各依旧额征税”。所谓“旧额”，乃是派遣使臣“搜擿郡邑，劾验簿书，每州各取大历中一年科率钱谷数最多者，便为两税定额”。又由于“军兴已久，事例不常，供应有烦简之殊，牧守有能否之异，所在徭赋”，各地“轻重相悬”②。陈明光对此指出，唐代“两税全国总额是由下而上汇总形成的。而各州所取的两税定额，来源于年份不一的‘旧征税数’”③。朝廷按各地赋税旧额，向各州调发财赋，各州则按这一旧额（原额）的财税负担按旧有田籍分摊于民户，履亩而税。“至于税率多少，皆在牧守裁制。”④ 由于各地的“原额”不一，据有田亩数额也不一，各自分摊于田亩之上的税额和税率自然也就差别较大。而这个“两税旧额”“旧征税数”就是“原额”。

“旧额”之所以成为“原额”，很少变动，在于两税法确立“量出以制入”的财政原则。根据这一原则，中央有一个总的征收原额，分摊于地方上，各地方也存在一个原额，而地方原额的汇总就是中央原额。而为满足中央上供征收原额，中央对地方“不量物力所堪，惟以旧额为准”⑤。也就是说，中央对于地方的财赋征调，不因地方是否出现水旱灾害、人户流离等出现岁收减少而减少，也不因岁收丰稔而增多。不论哪一种情况，都必须满足向中央上供缴纳的“旧额”“原额”。大历十四年的数额就是两税改革后赋税征纳的最初“原额”。这个“原额”的出现，也是中国古代田赋税额

① 《唐会要》卷 83，《租税上》，第 1818 页。

② 《陆贽集》卷 22，《均节赋税恤百姓六条·其一论两税之弊须有厘革》，中华书局 2006 年版，第 723—724 页。

③ 陈明光：《“量出制入”与两税法的制税原则》，《历史研究》1986 年第 1 期。

④ 《陆贽集》卷 22，《均节赋税恤百姓六条·其一论两税之弊须有厘革》，中华书局 2006 年版，第 724 页。

⑤ 同上。

凝固化的开始。① 建中三年（782），规定“每一千加税二百”②，税则提高20%。此后，唐代赋税原额再无变化。原额确立一方面固然与“量出以制入”的财政原则有关，但另一方面也是建立在财政开支相对稳定的前提之下。只有财政支出稳定不变，财赋收入的原额也才不会变化。

宋代二税沿袭唐末五代，原额主义同样突出。据上文可知，宋代通过方田法、经界法的实行，以对耕地增加的登录和税率的修订为前提，导致财政收入增加成为顺理成章之事。而且不论是从人口密度的上升变化，还是从宋代地方志表示耕地登录数额的增加变化来看，这都应该是自然而然地发生的。但事实上宋代田赋，尤其是秋苗数额却呈现出静止、停滞的态势。斯波义信的研究显示，苏州地区的秋苗课税数额在宋至明曾有多次反复，而在宋代不同阶段的税额最终仍恢复到30万石水平，这与宋代相应渐增的生产力水平完全不符；相反，元、明初的数值则与其实际存在的高生产水平以及相应的财政负担相符。③ 又如上文所述之徽州征收的高额田赋税率，自五代入宋而无调整，则是与五代时高雅课以重赋有关，这种高税率至宋沿袭而不改，是为徽州征收之“原额”。这种原额主义，是徽州与全国其他地区税负不一的主要原因。而苏州税额定为30万石，也是明显受到原额主义的影响。

宋代更为众所熟知的原额主义，就是东南六路的上供原额。据《宋会要辑稿》引《墨庄漫录》载，淳化四年（993）东南六路上供粮食共620万石，其中淮南路150万石，江南东路99.11万石，江南西路120.89万石，湖南路65万石，湖北路35万石，两浙路上供150万石。④ 南宋时，除淮南路因供给大军不上供外，其余各

---

① 包伟民：《宋代地方财政史研究》，上海古籍出版社2000年版，第200页。

② 《唐会要》卷83，《税租上》，第1820页。

③ ［日］斯波义信：《宋代江南经济史研究》，何忠礼、方健译，江苏人民出版社2012年版，第152页。

④ 《墨庄漫录》，转引自徐松辑《宋会要辑稿》食货42，第6938—6939页。

路上供额度未有大变化，[①] 也是原额主义的反映。

原额主义的盛行，削弱了宋代方田丈量和调查田土状况登录地籍资料所作的努力。北宋方田均税之推行，尤其是蔡京方田时，脱离了“原额主义”限制，据田而增税（实际情况加剧了赋税不均），遭到朝野剧烈反对。南宋绍兴十四年，两浙转运副使李椿年置经界局于平江府，开始推行经界法时，“守臣直秘阁周葵见（李）椿年问之曰：‘今公欲均税耶，或遂增税也?’椿年曰：‘何敢增税。’葵曰：‘苟不欲增，胡为言本州七十万斛?’椿年曰：‘若然，当用图经三十万数为准’”[②]。表面南宋经界法之行，而苏州三十万石之“原额”未变。显然，经界法推行之目的也不是为了增税。宋代方田均税法与经界法，进行的田土丈量与调查工作，其旨趣并不在于增税，而在于通过选官、动员乡村职役户与耕作者会见，进行正确调查，据实地见闻纠正产去税存、诡名冒伪等不正之分，以求得土地占有的实际状况，作为结果括出欺隐的田土，期望通过以上努力纠正课税不均的状况。[③]

显然，这是我们考究宋代田赋不得不注意之现象。田赋定额不变意味着田赋提供的年收入固定不变。既然田赋在国家税收体系中居于核心位置，固定的田赋收入也就意味着政府的“预算”多少也就是固定不变。当赋税已全部收征，仍不能满足政府的财政需要，但又不许提高定额时，获取其他赋税收入来源和加征附加税也就成为宋代政府不得不采取的财政举措了。这二者也成为宋代财政结构变化的主要反映。我们后文再叙。

---

① 据《建炎以来系年要录》卷183“绍兴二十九年八月甲戌条”载（第3528—3529页），两浙、湖南、湖北上供额度不变，江东路为93万石，江西路126万石，变化额度均极小。

② 李心传编撰：《建炎以来系年要录》卷151，绍兴十四年五月甲戌条，第2860页。

③ 何炳棣：《南宋至今土地数字的考释和评价（上）》，《中国社会科学》1985年第2期。

## 第四节　田赋征纳之流程

宋代二税征纳分夏、秋两季进行，夏税征钱（或布帛），秋税征粮。其征纳过程是从编置簿书开始。我们把从编制簿书到税租簿的申奏审核、凭由给散过程统称之为前置作业。

前文已述，自唐代以来两税法之改革，不再以人丁为纳税的主要对象，转而以物业田土多寡为凭。宋承唐制，“本朝经国之制，县乡版籍，分户五等，以两税输谷帛，以丁口供力役，此所谓取于田者也”①。户等版籍成为二税征派与职役征发的依据。② 但若纯以赋税征收来说，税租簿较之五等版籍无疑才是更重要的征纳依据。在税租簿中，明确规定了编制租簿的时间及其审核、发放过程。

太宗端拱元年（988）四月下诏：

> 夏税籍以正月一日，秋税籍以四月一日，并限四十五日毕。③

至道元年（995）六月，颁布税租簿格式于天下：

> 重造州县二税版籍，颁其式于天下。凡一县所管几户夏秋二税、苗亩桑功正税及缘科物，用大纸作长卷，排行实写，为帐一本，送州覆校定，以州印印缝，于长吏厅侧置库，作板柜藏贮封锁。自今每岁二税将起纳前，并令本县先如式造帐一本送州，本县纳税版簿，亦以州印印缝，给付令、佐。④

---

① 李焘：《续资治通鉴长编》卷 277，熙宁九年秋张方平奏疏，第 6787 页。

② 穆朝庆（《两宋户籍制度问题》，《历史研究》1982 年第 1 期）依据张方平所言，认为五等版籍为二税及职役之依据，然笔者认为五等版籍虽有一定赋税征派之依据，主要体现在赋税征纳过程中常据户等高下进行先后催征等，但五等版籍的主要功能无疑应以职役征派为主。

③ 《宋史》卷 174，《食货上二 · 赋税》，第 4204 页。

④ 李焘：《续资治通鉴长编》卷 38，至道元年六月己卯条，第 817 页。

南宋时又规定：

诸县税租，夏秋造簿，于起纳百日前同旧簿并干照文书送州审磨点检，书印讫，起纳前四十日付县。①

诸县岁造税簿，正额外其人户奇零之税，别总都数，县于起纳百日前限五日申州，州限十日申转运司，本司类聚一路，限半月报尚书户部。②

诸税租簿，每三年别录实行副本，保明送州，覆毕印缝，本州架阁。既有割移，别取状连粘，季申，与实行簿同收。③

上引数则资料，再结合前文所引《庆元条法事类》所载“夏（秋）税租等第产业簿”格式分析，我们可以得出如下认识。

第一，税租簿编制的时间。北宋时规定夏税簿自正月一日起造，秋税簿自四月一日起造，并规定须在四十五日毕④。二税征纳时日，夏税以五月一日、五月十五日起纳，秋税自九月一日起纳，则夏税簿必须于二月中旬完成，秋税簿必须于五月中旬编制完毕。南宋时，并未规定编制起始终止日期，仅于起纳前百日完成编制造簿即可，将编制日期的刚性规定变为柔性，则各地可根据地域风土民情与物产生长周期自行编订造簿。

第二，税租簿的上报审核与批复。税租簿的编制以县（乡）为统计单位，以旧簿为基础，须登录每一税户新收、推减，还要总结一县税额，正色、折色各若干，以及去年的原额，并且除正额外，合零就整也须申奏。编置好的税租簿要上报州进行审核，州审核无异加盖州印，然后再发放回县，期限为起纳前四十日完成。

---

① 《庆元条法事类》卷47，《赋役门一·税租簿》，第634页。

② 同上书，第634—635页。

③ 同上书，第635页。

④ 《宋史》卷174，《食货上二·赋税》，第4204页。

第三，税租簿每三年要抄录实行副本，须载明割移、推割诸事。对于民户自有田产的买卖，在买卖过程中，要同时将田产所担负的税额随田产一并转移到买方名下，进行推割。“诸典卖田宅应推收税租，乡书手于人户契书、户帖及税租簿内，并亲书推收税租数目，并乡书手姓名，税租簿以朱书，令、佐书押。”①《庆元条法事类》也载：“诸县置税租割受簿，遇有割受，即时当官注之。[逐户之下结计见管数目，县官垂脚押字。若创新立户者，须声说某年月日于某乡里某人户下，置到田产立户。]其簿于县令厅置柜收掌，三年一易。”“诸税租应割移归并者，限当日以簿批注开受。[簿不在县，权别置簿，候到限次日当官尽数誊入。]造新簿日，仍以印契、簿历照对，旧无户，立新户，其乡异者，不在割并之限。”②

第四，税租簿自编制到最终申报完毕，经历了乡—县—州—转运司—户部的完整过程。

二税版籍完成编制、审核过程之后，县衙以经过州审核加印的税租簿，作为征收二税的原始凭证。随后，“县于起催前两月，真书开具每户应纳数单子，折变者具折变实数送纳处所。令佐分定乡村案簿点对毕，付催税人给散纳户”③。县衙根据返回的税租簿，命户长或催税甲头以户为单位再抄写出“和纳夏秋二税凭由”，并将之发放给付税户，其上则载明每户须输纳的具体钱物税额。

所谓“凭由”，各地称法不一，有税由、由子、税引、帖引、应纳数单子、牌由等称谓。据高宗绍兴二十八年知阆州苏钦上奏疏，对催税凭由有较详细的记载：

> 凭由之给，不徒具岁租合纳名色而已，须具一岁间本户二税增减之数。如夏、秋税凭由，各具去年至今年税钱、米斛、物帛增减之数，或收买、典到某乡某人某地名田土、税钱若

① 徐松辑：《宋会要辑稿》食货69，第8059页。

② 《庆元条法事类》卷47，《赋役门一·税租簿》，第635页。

③ 《庆元条法事类》卷48，《赋役门二·支移折变》，第659页。

干，或典卖出本户某地名田土、税钱或秋税物斛若干，入某人户下，见今户下实计税钱或物斛若干，和纳支移折变物帛、斛斗、役钱，下项开具。县令佐点检无差措，签押用县印，给付民户收执。所给凭由，并于起催前一月给散。如有欺弊不实，大科钱物，许人户经县或州论诉施行。①

此凭由包含有四：一是去年及今年税钱、米斛、物帛增减之数；二是土地若有变动，必须注明税额的转移情况；三是要详列税户今年应纳各类税额及衍生税入和纳支移、折变、物帛、斛斗、役钱等项；四是必须要有县令佐签押用印。从上也可知，凭由的格式大体上是以四柱——旧管、新收、开破、见管——为编排方式。“（去年）税钱、米斛、物帛”为“旧管”，“收买典到某乡某人某地名田土税钱”为“新收”，“见今户下实计税钱或物斛”即为“见管”。以现今户下产业，计算出应纳二税、支移、折变、役钱各若干，在起催前一个月通过催税人将之给散于民户手中，使其知所纳二税情况，并为之作提前准备。

孝宗淳熙六年（1179）十月，李木建议的凭由为：“人户苗税和纳凭由，各具合敷都数及纽计物力合纳官物各若干，明以都数及则例载于凭由，令佐抽摘，照［籍］分乡点检，然后给散人户。不得妄有增减不实，及凭由之外又行科敷。”② 朱熹知南康军时，规定“星子、都昌、建昌县，每户置立牌由，分明开说某乡某都人户，合纳夏税折帛和买绌绢各若干，给付人户收执。须管于省限内尽数具钞同牌由赴场，照数送纳。如不赍牌由同钞前来，定不交受”③。也都对征收凭由作了明确说明与规定。

在正式缴纳赋税之前，从县（乡）置造税租簿到申州审覆、返回，再到县据此抄录二税凭由，并将之发放给纳税民户，民户则在拿到催税凭由后，着手准备缴纳二税之物品或钱物之过程，皆为二

---

① 徐松辑：《宋会要辑稿》食货70，第8128页。

② 同上书，第8144页。

③ 《朱子全书·晦庵先生朱文公文集》卷99，《夏税牌由》，第4592—4593页。

税征纳的前置作业。

前置作业完毕，就进入征纳的具体环节。

二税缴纳，税户依据纳税凭由规定，一般要亲自或者委托揽户到州县指定的受纳场（受纳仓）或场务输纳。受纳场可设在州府，或者是县邑："人户所纳二税，或在州，或就县，各从其便，及时入官，不致拖欠。"① 而乡民缴纳赋税，一般则就近缴纳，如江东安抚大使李光言：

> 据广德县秋苗，旧赴（宣州）水阳镇仓交纳，后因路远，乡民遂将本户苗一石，乞贴纳三斗七胜耗充脚乘，免赴水阳，只就本军及建平县仓交纳。是致官中造诸乡版籍，便随正苗理纳加耗。②

因为路远，故乡民愿加耗充脚程，就近缴纳。也有设置在交通便利之处的官仓，如：

> （广东）德庆府乞于新州、肇庆府分认税米。缘新州即非沿流去处，难以搬运。③

所谓"非沿流去处"，即交通不便，而"沿流去处"，便于搬运也。

二税征纳有时间限定。一般来说，夏税征收于五月一日或十五日开始起纳，七月中下旬到八月初要纳毕；秋税自九月一日起纳，十二月中旬毕。④ 每年纳税之处，官府除散给税户纳税凭由外，常在征纳前令户长、耆长等乡村组织头目张榜帖示，晓谕税户。据

---

① 徐松辑：《宋会要辑稿》食货 9，第 6177 页。

② 同上书，第 6186—6187 页。

③ 同上书，第 6187—6188 页。

④ 徐松辑：《宋会要辑稿》食货 70，第 8101 页。此为太宗端拱元年事，后文另有规定："自今并可加一月限，或值闰月，及田蚕早晚不同处，令有司临时奏裁"。则夏税可延至八月下旬九月初，秋税可延至次年初。

《作邑自箴》所载，一般催税前的公告贴榜如下：

知县事榜：

访闻人户，自来递相仿效，不依限送纳税赋，惟务行用钱物与催税之人，以此因循，遂遭刑责，以至枷项监催，方得了足。盖是愚民全无识虑，须至告示。

右仰诸乡村通晓，父老详认，今来告示，互相讲劝愚顽之人。若将重叠行用与催税人钱物，不如趁有物之际相添，及早纳足户下税物。不唯公私省力，亦免人户枉遭刑责。又缘税物终须要纳，若候官中勾追，已是过时，猝难办集，转见费力。县司今来除给贴付户长外，更不别差人下乡催促，恐生骚扰。若有妄作县司催税之人起动人户，仰收领赴县，以凭严断。其递年顽滑欠税人户，已抄出姓名，如中限输纳未足，先次勾决，枷项监纳，的不虚行晓示。年　月　日①

在该榜文中，官府劝谕百姓及早完税，以免百姓“不依限送纳税赋”，“遂遭刑责”。

宋代征收二税分为初、中、末三限，每限到限前10天，犹有欠税户未曾输纳，则张贴告示，以为督促。如税收进行到中限之时，所放榜文如下：

知县事榜：

勘会先行告示，更不差人下乡催税，恐生骚扰。今来已及中限，全未见　大段纳及分数，须至别有告示者。

右散行告示乡村人户，仰火急前来了纳户下税物。县司已指定某月某日，先勾第一等至第三等欠户勘决，其第四等、第五等欠户于某月某日勾追施行。的不虚示。年　月　日②

---

① 李元弼：《作邑自箴》卷8，《夏秋税起催先出此榜》，《四部丛刊续编》本，商务印书馆1935年版，第42页。

② 李元弼：《作邑自箴》卷8，《税到中限便出此榜》，第42页。

如前所言，“递年顽滑欠税人户”，“如中限输纳未足，先次勾决，枷项监纳”，严加督催。为保证三限前催纳完毕，县府又“更不差人下乡催税”，遂于指定时日，对不同户等民户进行“勘决”“勾追”。

若三限已过，县府就要变“更不差人下乡催税”之条文，明令乡村中的户长、大保长、催税人等对欠税民户进行一一催督。由户长、大保长等进行催征，往往又称为“挨门催”，此为赋税催征的最后阶段了。

就如前文所示宋代二税征纳的整个流程中，从编制版籍簿书开始，到散给征税凭由再到税户三限过后的具体赋税催征，户长、乡书手、大保长等乡职人员均在其中发挥了重要作用。

里正、户长、催税甲头、大小保长在国家规定缴纳赋税中限之后，要承担起对欠税民户的催征工作。一般来说，催征时“先次起催上三等，而后徐及四等以下户”①。乡职人员催税时要挨门进行，俗称“排门催”。在“排门催”后如果仍催纳不得，很多地方都出现了由乡职催税人员代为赔付的情况。如至和二年（1055），韩琦称：“里正代纳逃户税租及应无名科率。”② 仁宗时，长沙县“诸村多诡名，税存户亡，每岁户长代纳”③。南宋真德秀也说，递年逃阁之数多“勒令保长代输”④。乡职人员在催纳不得情况下的代纳垫付行为，对于保障国家赋税足额征纳固然发挥了重要作用，但这在事实上成为乡职人员的一项重要负担。

与赋税输纳前须置造税租簿等版籍为征纳凭证一样，输税完毕后一样需要有完税之凭证。这输纳后的凭证就是税租钞，又叫输纳税租钞、税钞、钞旁、输纳钞、纳钞等。税租钞又分为户钞、县

---

① 胡太初：《昼帘绪论·催科篇第八》，文渊阁《四库全书》本，上海古籍出版社2003年版，第602—717页上栏。

② 李焘：《续资治通鉴长编》卷179，至和二年四月辛亥，第4330页。

③ 司马光：《涑水记闻》卷14，邓广铭、张希清点校，中华书局1989年点校本，第289页。

④ 中国社会科学院历史研究所宋辽金元史研究室点校：《名公书判清明集》卷1，《官吏门·劝谕事件于后》，中华书局1987年版，第12页。

钞、监钞、住钞等四联。所谓“准法，输官物用四钞。曰户钞，付民执凭；曰县钞，关县司销簿；曰监钞，纳官掌之；曰住钞，仓库藏之。所以防伪冒，备毁失也”①。《宋会要辑稿》所载更为明确：

> 赋税之输，止凭钞旁为信，谷以升，帛以尺，钱自一文以往，必具四钞，受纳官亲用团印。曰户钞则付人户收执，曰县钞则关县司销籍，曰监钞则纳监官掌之，曰住钞则仓库藏之。所以防伪冒、备去失而互相照，此良法也。②

税户自行保管的完税收据称为户钞，县钞则是县衙官府税租注册和批销之凭证，监钞为纳监官持有以备呈送上级监司稽核存查之用，住钞则是受纳仓场保留的存查联。税户依照纳税凭由输纳税租，输纳钱物经检验足额无误后，受纳官再核对凭由上的税额与税租簿所载是否一致，二者若相同，则以印钞给税户，受纳官用“团印”盖于其上，成为“朱钞”，“朱钞”即税户完纳赋税之终极凭证。目前税租钞的具体格式可见于《庆元条法事类》所载：

> 某县某乡某村某色户
>
> 某人姓名，送纳某年夏或秋某色税或租物若干。[目下不得空字，有空纸者用墨勾抹。]
>
> 若干纳本色。[有合零就整数者，仍开析，下准此。]若干折某色，若干耗。[有仓省及官称耗者，各别具数总计。]
>
> 右件如前
>
> 年　　月　　日钞
>
> 县钞［余钞准此］③

---

① 《宋史》卷174，《食货上二·赋税》，第4215页。

② 徐松辑：《宋会要辑稿》食货35，第6756页。

③ 《庆元条法事类》卷47，《赋役门·受纳税租》，第622页。

税租钞一般刻成木印，即所谓“长印”。税户纳税完毕，盖上税钞印本，再用笔墨填上税户资料及姓名、税额、本色、折色、耗等空栏。一般来说，“受苗每名数足，随即印钞，面还人户，毋致出仓。其钞于本厅印给，亦毋令吏收钞自给”。但由于“夏税则尺寸畸零，钞数繁多，必类聚一日所输”，只能“翌日印给”[①]。也就是说，秋税一般多纳粮草，少有合零就整之事，当场可领税钞；而夏税多输纳和买本色等，常遇到畸零尺寸，数户才能并为一张税钞，只能次日才领到税钞。《庆元条法事类》同样记载有这种“人户纳畸零税租凭由”格式：

> 某县受纳场
>
> 今据某乡某都人户姓名若干人，几月几日合钞送纳今年夏或秋税租畸零物帛之类共若干数，内集户姓名纳若干。
>
> 右除已当官销簿讫，今出给纳讫凭由，付某人收执照会。
>
> 年　　月　　日给[②]

如果税户布帛不成端匹、米谷不成升、丝绵不成两、柴蒿不成束，可依输纳当月的旬估时价，折纳现钱。如果愿和别户合钞输纳本色者，各给每户已纳凭由。[③] 民户拿到“朱钞”即意味着输纳赋税程序的完成。

在税户完纳之后，受纳官必须在簿籍上销注（销簿、销籍、销凿），然后将所纳税物封入场库暂存，交由州府，再由州府上供到朝廷，赋税征纳程序才真正完成。关于纳毕后的销簿过程，《作邑自箴》记载如下：

---

① 陈襄：《州县提纲》卷4，《当厅给钞》，《丛书集成初编》本，商务印书馆1935年版，第39页。

② 《庆元条法事类》卷47，《赋役门·受纳税租》，第622—623页。

③ 同上书，第622页。

> 起催税赋、和买诸般和纳钱物等，诸色置簿，开逐管户长催数，并乡司各置收分钞历子，更抄都历。每场发到朱钞，先当厅点　都数，抄上都历讫，方分上逐乡历子，即时朱凿逐色簿，纽计数呈押，然后勒乡司就厅前销入文簿。次日早，同官聚厅，便要销押朱脚。①

在输纳税赋期间，县衙以下的乡司每日要核对完税朱钞，又将朱钞总数登录于“都历”上，整理后抄于各乡“历子”，然后才朱凿销簿。次日一早，县衙令佐复核无误才签押。只有完全销簿后，才意味着征税过程的最终完结。

综上所述，宋代二税征纳的大体流程可如图 1 所示。在图 1 中，我们可以相对较完整地揭示出宋代赋税的征收流程。大体而言是这样的：县衙通过耆长、户长、大保长等乡役人员先统计出税户的纳税依据与数额，编制成草簿上报于县，县再据此编制成税租簿上报于州府，州府审核完毕后将其发还于县或直接发付给受纳场，县则据州返回的税租簿再编成民户纳税凭由，并通过乡役人员将凭由散给税户；税户则据征收凭由直接或间接通过揽户向受纳场（州仓或县仓）缴税，受纳场验收完毕以户钞返回税户，以之表示税户已完纳；受纳场再据收纳赋税对照税租簿进行销簿，完成征收流程。最后则是受纳场仓库通过转运司将之上供于朝廷。此为宋代赋税征纳之完整流程。

## 小　结

本章我们探讨了与田赋相关的一些基本概念和宋代国家田赋管理与征收的基本面貌，从中可以得出如下基本认识。

第一，二税法改革后的国家赋税，入宋以后主要是田地税、田

---

① 李元弼：《作邑自箴》卷 4，《处事》，《四部丛刊续编》本，第 19 页。

亩税，也就是田赋。宋代是田赋作为农业主体税确立的关键时期。

第二，宋代进行的方田法和经界法，基本完成了宋代田土丈量调查工作，编置了土地地籍资料登录制度，即户帖和砧基簿制，从而进一步明确了土地作为国家农业正税征收依据和对象，确立了田赋在税收中的主导地位。

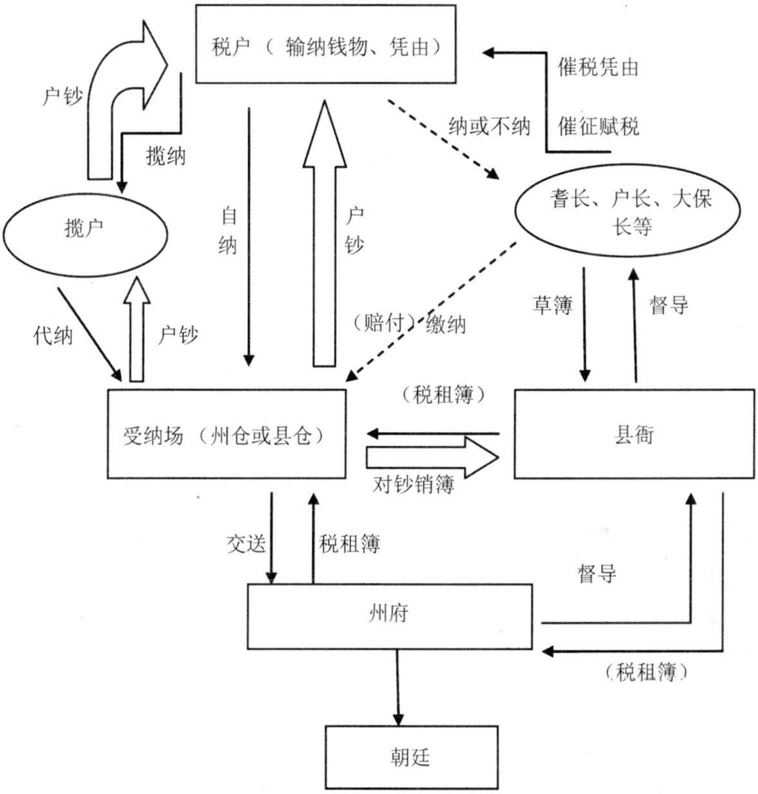


**图1　宋代二税输纳流程①**

---

① 杨宇勋博士在其论著《取民与养民：南宋的财政收支与官民互动》第二章“完纳税粮”中绘有一图（台湾师范大学历史研究所2003年版，第314页），本图绘制参照其原图，在其原图基础上又略有调整与揭示。

第三，宋代田赋税率各地不一，一般以级差税率为主。一方面由于受“原额主义”的影响，各地自有“原额”赋税。赋税“原额”又导致各地征收税率的不均等。另一方面，既然田赋“原额”不得增长，在国家财政开支明显扩大的前提下，对财政收入的补充主要来自田赋附加税，以及其他工商业税收。

第四，在具体征收田赋环节中，宋代建立有一整套完整征税过程。这个过程从编置税租簿前置作业开始，到具体征纳环节，再到田赋完纳后对钞销簿，最后完结于上交州府。

总而言之，宋代通过方田与经界法的推行，建立了以土地为纳税对象的较完整资料，并以之为据奠定了级差税率在田赋征收中的广泛运用，从而构筑了较为完备的田赋管理和征收税制。

# 第二章　宋代田赋附加税问题

第一章我们讨论了宋代国家对田赋管理与征收的一些基本制度规定。在这些基本规定中，我们可以知道宋代已经建立了一套相对完整的田赋税收制度。这种税收制度对于征税对象和征收依据——田土——的界定非常明确，也尽可能地完成了对田土资料的调查丈量与登录工作，为推行合理的级差税率奠定了良好的实施条件，同时对征税环节的安排也日渐严密，完全可以称得上一种严格的税收税制管理体制。这一税制安排可以称之为法定的或正式的制度。

另外，这一法定的正式制度明显不完备。如前所述，两税法改革所确立的“量出以制入”财政原则，预先确定了国家预算的固定性，据此将国家征税总额予以限定，再分摊于各地的做法导致了原额主义的盛行。原额主义盛行反过来限制了方田与经界对田土调查与丈量的效果，方田和经界只能成为一种在国家税收凝固化前提下推进的田赋均平化运动，而不是随社会经济发展而调整税收的合理化改革。这种税制的不合理性一直持续到明清而未有根本改变。[①]由于不完备的田赋税制以及国家财政分配体制、官僚体制等多重因素互相作用，在国家财政开支明显扩大的前提下，宋廷就只有通过扩展新税源和在原有田赋基础上增加附加税来解决税收不足的窘状。扩展新税源自然就是获取盐、茶、酒的专卖和其他工商业税收入，这一点本书不作具体展开，可参阅全汉升、戴裔煊、郭正忠、

① 明清代田赋税收的原额主义现象亦非常突出。参见［美］黄仁宇《十六世纪明代中国之财政与税收》，生活·读书·新知三联书店 2001 年版；［美］王业键《清代田赋刍论》，高风等译，人民出版社 2008 年版。

李华瑞、孙洪升、黄纯艳等人论著。[①] 本章我们主要探讨宋代的田赋附加税问题。

## 第一节　田赋附加税的种类与概况

田赋附加税，顾名思义，就是以土地（田赋）为基本依据，附加于其上的非田赋正式收入。关于宋代的田赋附加税，很多学者都对其进行过论述。如王曾瑜在其《宋朝的两税》一文中，指出宋代两税附加税包括有支移、折变、加耗、义仓、附加税钱、分钞与合零就整、大斗大斛、斗面斛面、呈样、预借、重催、畸税漏催、其他加税等十三种之多。[②] 汪圣铎认为沿袭于唐末五代的“杂钱”是主要的田赋附加，此外还包括如钞旁定贴钱等数种类型。[③] 黄纯艳指出，宋代的二税附加税包括数额较大且稳定的加耗和斛面、头子钱和水脚钱、义仓米三类，此外还有如杂钱、勘合钱等。[④] 本书认为，宋代田赋附加税除了加耗、斛面与大斗等直接附加税外，还有包括支移、折变等随征收方式变化而增加的间接附加，以及如和预买、折帛钱、免役钱等在内的一些其他税入。在此分如下数类予以阐释。

### 一　直接附加税

直接附加税就是以正式缴纳的田赋为依据，直接附加于其上的税入。宋代的直接附加税包括加耗、斛面与大斗、畸零、头子钱、水脚钱、义仓米等。

---

① 全汉升：《唐宋政府岁入与货币经济的关系》，《中央研究院历史语言研究所集刊》第20本，商务印书馆1948年版；戴裔煊：《宋代钞盐制度研究》，中华书局1981年版；郭正忠：《宋代盐业经济史研究》，人民出版社1990年版；李华瑞：《宋代酒的生产与征榷》，河北大学出版社1995年版；孙洪升：《唐宋茶业经济》，社会科学文献出版社2001年版；黄纯艳：《宋代茶法研究》，云南大学出版社2002年版。

② 王曾瑜：《宋朝的两税》，《文史》第14辑，中华书局1982年版。

③ 汪圣铎：《两宋财政史》，中华书局1995年版，第196—198页。

④ 黄纯艳：《宋代财政史》，云南大学出版社2013年版，第420—428页。

1. 加耗

加耗又名耗、耗剩，鼠雀耗，初源于五代后唐，原意指为弥补税粮在保管和运输时的损耗，令人户在缴纳时加赢补足的规费，后来演变成一项普遍存在且合法的田赋附加税。

加耗种类不一，有依据政府层级的不同，如转运司所加的“抛桩明耗”，州县所加的“暗桩暗耗”①；有依据课征性质的不同，如“义仓省耗”“仓官明耗”等。② 此外还有称耗、正耗、脚耗等若干种类。加耗税率，据《庆元条法事类》所称：“诸受纳税租一斛加一升，蒿草十束加一为耗。”③ 明确指出粮食斛斗的加耗费率为1%，而马料蒿草的加税率则达到10%。若超出此附加税率，别“令人户输纳者，杖80，并许人告”④。

目前所见各种史籍所载加耗费率，很多都高于10%。如仁宗庆历七年（1047）臣僚言江西诸州“百姓纳米，一石出剩一斗，往往有聚敛之臣加耗之外，更要一斗”⑤。则加耗税率最低为10%，高者达20%。北宋李纲言徽宗崇宁、大观（1102—1110）以来，“江东西、湖南北有至于纳加耗米四石，仅能了常赋米一石者”⑥，加耗为正赋4倍之多。宣和元年（1119），江东路“输苗米一石者，率皆纳一石八斗”⑦，则加耗率为80%。

南宋时的加耗轻则每石三四斗，多则七八斗。建炎二年（1128），“诸州受纳苗税加耗太重，有一斛而取五斗者”⑧。绍兴初，刘大中说“信州并诸县从来受纳人户秋苗粳米等，于正耗外别

---

① 《宋史》卷174，《食货上二·赋税》，第4213页。

② 洪迈：《容斋续笔》卷7，《田租轻重》，孔凡礼整理，《全宋笔记》第五编，大象出版社2012年版，第297页。

③ 《庆元条法事类》卷47，《赋役门·受纳税租》，第618页。

④ 同上。

⑤ 章如愚：《群书考索》后集卷53，《赋税门·田赋类》，文渊阁《四库全书》本，上海古籍出版社2003年版，第937册，第756页下栏至757页上栏。

⑥ 李纲：《李纲全集》卷63，《奏议·乞减上供之数留州县养兵禁加耗以宽民力劄子》，王瑞明点校，岳麓书社2004年版，第674页。

⑦ 徐松辑：《宋会要辑稿》食货70，第8114页。

⑧ 李心传编撰：《建炎以来系年要录》卷13，建炎二年二月辛酉，第327页。

收名色非一，据合纳正数不啻一倍以上”。“至有输一硕而加耗至三四斗者。”[①] 高宗绍兴二十年（1150），临江军清江县秋苗，每石加耗米七斗，[②] 加耗70%；孝宗乾道五年（1169），秀州“岁收苗米三十余万石，每石旧例止收耗一斗四五升，而二年以来，一石增纳至五六斗”[③]，加耗费率由最初的15%增至50%—60%。黄榦知新淦县，“每石加耗等共收一石七斗”[④]，则加耗率为70%。嘉定（1208—1224）以前，宣州苗米每石收耗二石六斗，九年，权府事李道传减至六斗五升，[⑤] 加耗虽经减免，仍为65%。洪迈言浙东“义仓省耗别为一斗二升，官仓明言十加六”[⑥]，则加耗达到七斗二升，即72%；理宗淳祐（1241—1253）时，徐鹿卿说平江府“定为四斗之耗”[⑦]，加耗为40%。

从上引材料可知，宋代各地实际加耗费率自40%往上不等，多者可翻倍，甚至数倍。朱熹所说每一石税粮收耗“自七斗八斗以至于一倍再倍而未止也”[⑧]，当是普遍事实。正是由于加耗已成为田赋征收的主要法外附加税入，习惯成自然，如绍兴年间，临江军临江县秋苗收耗，“其四乡秋苗每一硕加耗米七斗”，“于造簿之际已行声载”[⑨]，加耗本为田赋附加，却已被视为常赋了。

2. 斛面与大斗

斛面，指在用斛斗量收税粮时，不拨平斛斗量器，反而尽量将斛斗内的粮食堆高取赢。大斗，指在输纳之际，故意将斛斗加大，

---

① 徐松辑：《宋会要辑稿》食货68，高宗绍兴三年正月二十三日，九月十五日，第7943页。

② 李心传编撰：《建炎以来系年要录》卷161，绍兴二十年五月丁丑，第3048页。

③ 徐松辑：《宋会要辑稿》食货9，第6180页。

④ 黄榦：《勉斋集》卷5，《上李敬子司直书》，文渊阁《四库全书》本，上海古籍出版社2003年版，第1168册，第58页上栏。

⑤ 《永乐大典》卷7512，引录《续宣城志·嘉定诸仓斛斗》，第3409页。

⑥ 《容斋续笔》卷7，《田租轻重》，第297页。

⑦ 徐鹿卿：《清正存稿》卷1，《（淳祐）四年丁酉六月轮对第三札》，文渊阁《四库全书》本，上海古籍出版社2003年版，第1178册，第728页上栏。

⑧ 《朱子全书·晦庵先生朱文公文集》卷11，《庚子应诏封事》，第528页。

⑨ 徐松辑：《宋会要辑稿》食货9，第6177页。

以借此多收纳租赋。斛面与大斗，均为在收纳田赋过程中，通过玩弄斗量高下手段而增赋，也被视为广义的加耗，[①] 在宋代主要成为州县获取额外收入的手段之一。

堆高而为斛面，常常由吏人高下其手，其增量额度很难具体统计，同时各地所收纳额度也不相同。如南宋平江府“每石斛面犹带二升”[②]，增收率为2%；隆兴府“增收斛面米，多至三升”[③]，增收率为3%；汉阳军“交量则有斛面，或三升，或五升”[④]，增收率为3%—5%；还有如淳熙年间浙东“斛面所带已六七升”[⑤] 之载，则为14%。这些地区斛面附加税率为2%—14%，收取斛面附加额较少。

孝宗时抚州临川县减轻斛面负担，约定为“每斗加五十合，而令两斛输三斛”[⑥]，减免后的斛面增收率为50%，则原先所取远不止50%，必然更多。绍兴二十一年（1151）知桂阳监赵不易说：“湖南人户纳苗，往往州县高量斛面，一石正苗有至三石，少至一倍。”[⑦] 孝宗初年，“永（州）民输米，斛面殆过正税”[⑧]。则湖南所收斛面高者达到正赋一倍至数倍。

大斗之取，本为宋廷所禁止，却也屡见施行。如南宋中期宁国

---

① 吴潜的《应诏上封事条陈国家大体治道要务凡九事·第六贴黄》载：“两淮、京、湖诸郡，明加斛面五升，以为雀鼠耗折之费”，即是也。（吴潜：《许国公奏议》卷1，《续修四库全书》本，第475册，上海古籍出版社2002年版，第115页）

② 徐鹿卿：《清正存稿》卷1，《（淳祐）四年丁酉六月轮对第三札》，文渊阁《四库全书》本，上海古籍出版社2003年版，第1178册，第728页下栏。

③ 曹彦约：《昌谷集》卷16，《豫章苗仓受纳榜》，文渊阁《四库全书》本，上海古籍出版社2003年版，第1167—193页上栏。

④ 黄榦：《勉斋集》卷30，《申转运司为客船匿税及米价不同事》，文渊阁《四库全书》本，上海古籍出版社2003年版，第1168册，第333页上栏。

⑤ 俞文豹：《吹剑录外集》，文渊阁《四库全书》本，上海古籍出版社2003年版，第865册，第491页。

⑥ 陆九渊：《陆九渊集》卷5，《与赵子直》，钟哲点校，中华书局1980年版，第70页。

⑦ 徐松辑：《宋会要辑稿》食货9，第6177页。

⑧ 叶适：《叶适集·水心文集》卷26，《故昭庆军承宣使知大宗正事赠开府仪同三司崇国赵公行状》，刘公纯、王孝鱼、李哲夫点校，中华书局2010年版，第513页。

府“受纳夏秋税苗，不用文思斗斛，而用私制宽大斗斛”[①]。私制大斗斛，两淮有所谓“市斛”，“或一斛而当文思之三，或一斛而当文思之二。……其量于民，则以市斛；其交于朝廷若上司，则以文思”[②]。通过私制大斗，所增征收率二倍至三倍。也有虽用文思斛，却更增以加赋，宁宗嘉定二年（1210），臣僚言：“州县受纳苗米，所用之斛，虽系文思院制造发下，访闻辄于斛缘铁叶之上增加板木，复以铁叶蔽之，分毫之间，其数辽绝。”[③] 大斗之增赋，多则达二倍、三倍以上，也就成为一项重要的附加税。

3. 畸零之征

畸零为在征税过程中，官府对一些小额征收单位以小为大，或者对征收零头以少为多，从而实现多征的一种手段。如“绢、绵有零至一寸、一钱者，亦取一尺、一两，米有零至一勺一抄者，亦收一升之类，合零就整之数，若此者不可胜数”[④]。“民间有合零就整钱，如绵一钱令纳一两，绢一寸令纳一尺之类。是正税一分，阴取其九也。”[⑤] 南宋宁宗嘉定六年（1213）十一月，监察御史倪千里提及：“今县邑催科，故意存留畸欠。谓如户管一匹，则止催三丈八九尺；户管一丈，则止催八九尺。……乡胥异日却追畸零文引，征索络绎，乡保或欠零寸，必纳全尺，此畸税漏催之弊也。”[⑥] 徽州，“诸县输纳，或抑民使就整，如遇寸则输尺、遇钱则输两、遇合则输斗之类”[⑦]。则畸零之征的附加税率有数倍之多。

---

① 真德秀：《西山文集》卷 12，《奏乞将知宁国府张忠恕亟赐罢黜》，文渊阁《四库全书》本，上海古籍出版社 2003 年版，第 1174 册，第 185 页下栏。

② 吴潜：《宋特进左丞相许国公奏议》卷 1，《应诏上封事条陈国家大体治道要务凡九事 · 第六贴黄》，《续修四库全书》本，上海古籍出版社 2002 年版，第 475 册，第 114 页。

③ 徐松辑：《宋会要辑稿》食货 68，第 7953 页。

④ 徐松辑：《宋会要辑稿》食货 9，第 6188—6189 页。

⑤ 李心传编撰：《建炎以来系年要录》卷 154，绍兴十五年八月甲戌，第 2906 页。

⑥ 徐松辑：《宋会要辑稿》食货 70，第 8161 页。

⑦ 罗愿：《新安志》卷 10，《叙杂说 · 记闻》，《宋元珍稀地方志丛刊 · 甲编》，李勇先校点，四川大学出版社 2007 年版，第 371—372 页。

4. 头子钱

头子钱是二税以及其他各种税入征收时广泛加征的一种附加税。二税头子钱主要通过在夏税钱帛中加征。开宝六年（973），“令川峡人户，两税以上输纳钱帛，每贯收七文，每匹收十文，丝绵一两、茶一斤、秆草一束各一文。头子钱数始略见于此”①。康定元年（1040）三月，“三司札子，除利、益、梓、夔四路外，余路自今头子钱并令纳官。头子钱尽纳官始于此”②。熙宁二年（1069）进一步规定，官府受纳百姓财物，“欲每贯、石收五文足”，“则给纳并收头子钱始于此”③。

两宋之际，又将头子钱纳入经制钱、总制钱窠名下，征收税率不断增加。绍兴五年（1135），总制司状：“赋入之利，莫大于杂税，茶盐出纳之间，若每贯增头子钱五文，有益于国计。”措置财用所看详，“每贯共收二十三文省，一十文作经制起发”④。“至绍兴十一年增至四十三钱，乾道元年又增一十三钱，是头子钱昔之十三者，今为五十六钱矣。”⑤ 建康府上元等县折帛钱“每贯收头子钱十八界会三百五十二文四厘”，咸淳年间减为 342 文 6 分 9 厘，溧阳县折帛钱每贯收头子钱十八界会 352 文 4 分 4 厘，咸淳年间减为 333 文 9 厘。⑥

5. 水脚钱

水脚钱本来源于支移，是以二税谷米运输成本之名征收的附加税，大凡“州县受纳秋苗皆有水脚钱贯”。有的地方将水脚钱折米交纳，“正苗一斛之外所收米少者二斗，多者三斗”。“若纳米二百

---

① 《文献通考》卷 4，《田赋考四》，第 89 页。马端临按语称，后唐长兴元年（930）即令“见钱每贯七文，秆草每束一文盘缠，其所收与开宝数同，则头子钱旧有之，至此稍条约之耳”（第 90 页）。

② 同上书，第 90 页。

③ 同上。

④ 同上。

⑤ 汪应辰：《文定集》卷 5，《论勘合钱比旧增赋重疏》，文渊阁《四库全书》本，上海古籍出版社 2003 年版，第 1138 册，第 628 页上栏。

⑥ 周应合：《景定建康志》卷 40，《田赋志》，《宋元方志丛刊》，中华书局 1990 年版，第 1996 页。

万斛，可得米五六十万斛矣。”① 则水脚钱折纳加征率达到20%—30%。元丰四年（1081）衡州茶陵县税米由折纳船材改为纳脚钱，税米“一石别输船脚钱七十，官为送至潭州”②。陕西收脚钱，“其所定价不实，民间输纳，比本色、支移，各有倍费”③，则其附加率为一倍以上，增加额度更高。

绍兴初，“江东、西州县民户输纳米，每石收水脚钱二百文”④。高宗曾下令宣州水脚钱“每石随苗受纳一百文省，不得辄于数外更有增科骚扰”⑤。江南东路转运判官叶义问却上言，认为“江东、西州县受纳人户苗米水脚等钱，每石收二百文省，委是酌中”，宣州每石纳钱一百文省，实际上“往往受纳之际，暗加斗面，或别立名目，科敛于民。欲望行下宣州，每石受纳二百文省”。于是宣州也改为每石纳钱200文。⑥ 绍兴年间，“潼川两路岁输籴本水脚钱一百八十三万余缗”⑦。理宗时，二税本色纲解水脚钱至“所纳一缣，为钱四五百足，纳米一斗，（为亦）［亦为］百金以上，且闻又有倍于此者。……计其所纳，率几二斛有半，是输一斛之米，已计三斛以上之数矣”⑧。水脚钱之增加税率，也从20%—30%剧增至数倍。

6. 义仓米

义仓米，是官府以备灾年赈济为名而征收的一种税入。“义仓随苗带纳，岁岁而有”⑨，以二税数按比例缴纳，是两宋大部分时期都征收的二税附加税。

---

① 王炎：《双溪类稿》卷23，《又一画札子》，文渊阁《四库全书》本，上海古籍出版社2003年版，第1155册，第687页。

② 徐松辑：《宋会要辑稿》食货70，第8107页。

③ 徐松辑：《宋会要辑稿》食货9，第6182页。

④ 李心传编撰：《建炎以来系年要录》卷116，绍兴七年闰十月壬戌，第2159页。

⑤ 徐松辑：《宋会要辑稿》食货68，第7945页。

⑥ 同上书，第7947页。

⑦ 李心传编撰：《建炎以来系年要录》卷118，绍兴八年三月丁酉，第2206页。

⑧ 徐松辑：《宋会要辑稿》食货70，第8161—8162页。

⑨ 袁说友：《东塘集》卷9，《增籴常平仓米疏》，文渊阁《四库全书》本，上海古籍出版社2003年版，第1154册，第244页上栏。

宋太祖时义仓征收每石输一斗，税率为10%。仁宗庆历元年（1041）诏天下立义仓，“自第五等户以上，于夏、秋征税外，每二硕别纳一斗，随常赋以入。若遇水旱，但正税得减，则更不输”，确定义仓税率为5%。[①]

南宋时义仓税率，一般州县纳5%，丰熟州县纳10%。[②] 义仓征收时也存在额外加征的情况，“州县常赋秋苗，官耗、义仓各有定数，而别立名色，民户有至纳一二倍才及正额者”[③]。庆元六年（1200），户部统计，“常平钱七十余万缗，义仓钱五十余万缗，二司之米各几二百万石”[④]。可见义仓数目很客观。

上述诸项收入，都是在二税田赋（苗米或税钱）纳税基础之上的直接加征，直接性为其主要特点。宋廷通过直接加征方式，从加耗、斛面和大斗、畸零、头子钱、水脚钱、义仓米中获得了正税之外的大量额外收入。从上引材料可知，加耗税率在40%至数倍不等，斛面加征税率各地高低不一，平均折算不会低于10%以下，大斗的增收率可能在100%以上，畸零之征则在数倍以上，头子钱征收税率不足10%，义仓米为5%—10%。尽管各种附加税差别很大，也缺乏各种附加税额的明确统计数据，但我们据上所述进行推测，宋代直接加征的附加税税率至少不会低于正税征收的30%以上。

## 二　间接附加税

间接附加，指的是非直接附加于二税之上的税入，它没有明确的附加对象，而是通过变更征收方式达到增加赋税的目的。宋代的间接附加税主要包括折变、支移等。

### 1. 折变

《宋史》载：“其入有常物，而一时所须则变而取之，使其轻

---

① 徐松辑：《宋会要辑稿》食货53，第7214页。

② 黄纯艳：《宋代财政史》，云南大学出版社2013年版，第426页。

③ 李心传编撰：《建炎以来系年要录》卷163，绍兴二十二年正月丁巳，第3091页。

④ 董煟：《救荒活民书》卷12，中华书局1985年版，第29页。

重相当，谓之折变。”① 即官府为避免所收非所需、复行变换贸易所造成的麻烦而设置的一种变通方法，将固有课征项目甲物改换为其他价值相当的乙物缴纳。因此，从严格意义来说，折变本身并不是一种征税税目，只是一种税收征收方式。折变现象在宋代普遍存在，几乎所有赋税课征都存在折变事例，如田赋折变、杂科折变、蚕盐丁盐钱丁绢折变、人丁税折变、官田租折变、和买和市折变、科率折变、商税折变、力役职役折变（免役钱）等；折变钱物形式则有以物折物、以物折钱、以钱折物、以钱折钱、反复纽折等。② 至于“折变之法，以纳月初旬估中价准折，仍视岁之丰歉，以定物之低昂，俾官吏勿得私其轻重”③。因折变之初意本为满足官府实物需要，故一般遵循折变须用平估，“县以纳月物帛实直中价并折纳法榜示，听人户情愿折纳”④。宋初诏令明确规定：“诸路两税折科物，非土地所宜者勿得抑配。”⑤ 因此，从折变方式的各种规定来看，宋初折变是希望通过折变做到官民两利。

但上述规定往往只是徒具虚文，在实际征敛中，官府常视需要任意提高或降低估价，从而在将税物在折钱或折物过程中，获取超额收益。

一般来说，在钱重物轻情况下，官府常常以赋税折纳现钱。仁宗时，钱货至少的江淮、两浙、荆湖等地出现“钱荒”，于是规定“诸处夏税，一例折纳见钱，小麦每斗估价九十四文省，民间钱既窘迫，麦又无用，应急贱粜纳官，其直每斗不过三二十文”。则是将价值二三十文的小麦折纳征收估价为九十四文，“比逐处见籴价例两倍已上”⑥。包拯还言陈州“令将大小麦每斗折见钱一百文，脚钱二十文，诸般头子仓耗又纳二十文，是每斗麦纳钱一百四十

---

① 《宋史》卷174，《食货上二》，第4203页。

② 张熙惟：《宋代折变制探析》，《中国史研究》1992年第1期。

③ 《宋史》卷174，《食货上二·赋税》，第4211页。

④ 《庆元条法事类》卷47，《赋役门·受纳税租》，第620页。

⑤ 李焘：《续资治通鉴长编》卷11，太祖开宝三年四月己卯条，第245页。

⑥ 包拯：《包拯集校注》卷1，《请免江淮两浙折变》，杨国宜校注，黄山书社1999年版，第22、20页。

文”。“今市上小麦每斗实价五十文”，是“二倍诛剥贫民也。”① 神宗熙宁年间，朝臣吕公著奏言：“江南西路去年米价每斗约四十五，以来转运司和籴每斗五十，以来所有人户和纳苗米，却令纳一色见钱，每斗九十，比来比市价增及一倍，比和籴价亦增四十有余。”②如此类折变，增收率往往超过一倍。

以现钱折实物时，官府又会压低物价。如冀州南宫县，二税“绢匹折税钱五百、绵两折钱三十，民多破产”，经刘挚请求改为“绢为钱千三百，绵七十有六。”“民欢呼至泣下。”③则增收率达到160%。大观二年（1108），“小麦孟州温县实直为钱一百二十，而折科止五十二；颍州汝阴县为钱一百一十二，折科止三十七”④。折科增收1.6倍至2倍余。“陕西斛斗价高，数倍于昔日，转运司折科，乃用熙、丰斛斗之价，随至常税之外增五七倍之赋。”⑤ 宣和三年（1121），“西蜀初税钱三百折绢一匹，草十围计钱二十。今本路绢不用本色，匹折草百五十围，围估钱百五十，税钱三百输至二十三千”⑥。孝宗时，知平江府韩彦古落职前曾言“以绢折麦，每匹输麦四石五斗，以钱计之，五倍其数”⑦，则折科所增赋入由一倍而至五六倍。

法外折变科敛，最严重者是“反复纽折”。胡安国说：“折变则有一折、两折、三折。”⑧ 徽宗宣和七年（1125），臣僚上言：“访闻夏、秋税赋巧立名目，非法折变。如绢一匹折纳钱若干，钱又折麦若干，以绢较钱，钱倍于绢，以钱较麦，麦又倍于钱，殆与

---

① 包拯：《包拯集校注》卷1，《请免陈州添折见钱》，杨国宣校注，黄山书社1999年版，第17页。

② 吕公：《上神宗论江西重折苗米》，赵汝愚等撰《宋朝诸臣奏议》卷104，上海古籍出版社1999年版，第1115页。

③ 《宋史》卷340，《刘挚传》，第10849页。

④ 徐松辑：《宋会要辑稿》食货70，第8112页。

⑤ 同上。

⑥ 《宋史》卷174，《食货上二·赋税》，第4213页。

⑦ 徐松辑：《宋会要辑稿》职官72，第4974页。

⑧ 胡寅：《斐然集》卷25，《先公行状》，文渊阁《四库全书》本，上海古籍出版社2003年版，第1137册，第664页下栏。

白著无异。"[①] 绍兴六年（1136），臣僚言岳州"自罹兵火，版籍不存，逐年不以田亩收税，惟以种石纽税，以种一石作七亩课敷。而其间所收税物反复纽折，有至数十倍者，此尤可骇"[②]。南宋后期淳安县，"苗米每石则折纳六十贯"[③]，比较时价则折变之后所收也在数十倍。官府通过反复纽折，用甲物换乙物，再用乙物折丙物，后以丙物再折甲物，则所入已过倍，再加上折变时对物价的虚估与南宋时交、会子贬值导致物价上涨等其他因素，如岳州、淳安县者增赋达数十倍，达到一种极为恐怖的境地。

2. 支移

支移者，即所谓"输有常处，而以有余补不足，则移此输彼，移近输远"[④]。也就是说税户要无偿地把应纳钱物运送到官方所指定的受纳场所，以达到事实上减少官府运输费用而由税户承担的目的。支移用途最初本是出于"以便边饷"的目的，"内郡罕用焉。间有移用，则任民以所费多寡自择，故或输本色于支移之地，或输脚费于所居之邑"[⑤]。后来也有"徙丰就歉"[⑥] 而行之的意图。

从支移范围来说，北宋主要在陕西、河北、河东诸路推行，南宋时则扩及沿江、川蜀等地。支移程序通常是这样的：官府在起纳半年前，揭榜晓示支移对象与范围[⑦]以及"先贫后富、自近及远"[⑧]原则。宋徽宗时规定如税户觉有不便，经官府允诺，可以折纳"脚钱"，贴补官方的车马等诸费，并随二税输纳。一般来说，支移多输纳本色，脚钱则多以货币缴纳于当地州县。支移带有力役之征性

---

① 徐松辑：《宋会要辑稿》食货70，第8115—8116页。

② 同上书，第8120页。

③ 方中续辑：《蛟峰文集·外集》卷2，《淳民以横敛上蛟峰先生书》，文渊阁《四库全书》本，上海古籍出版社2003年版，第1187册，第603页上栏。

④ 《宋史》卷174，《食货上二·赋税》，第4203页。

⑤ 同上书，第4211页。

⑥ 同上书，第4212页。

⑦ 哲宗元祐初，详细规定了陕西民户支移赋税，"以税赋户籍在第一等、第二等者支移三百里，第三等、第四等二百里，第五等一百里"。（《文献通考》卷5，《田赋考五》，第113页。又见《宋史》卷174，《食货上二·赋税》，第4210页。）

⑧ 《宋史》卷174，《食货上二·赋税》，第4211页。

质，脚钱则是“以钱代役”的变通。脚钱又有地里脚钱、地里脚费、道里脚价等不同称谓，当其由力役之征而变为征钱时，已是一种直接附加税，前文已述，此不多言。而支移，仍属于一种科剥劳役方式，没有直接征收对象，仍是一种间接附加。

支移宋代作为一种田赋间接附加税，其严重程度又甚于其他。元祐元年（1086），侍御史王岩叟言河东晋州上二等人户于葭芦、吴堡两寨纳税，“自晋州至汾州三百四十里，稍通牛车。自汾州又三百六十里而至吴堡，三百九十里而至葭芦，并山路险狭，涧道阻深，不通牛车。及渡黄河，尤为艰恶。白米每斗，官估折钱五拾文，而民间实费五百文方了得。一斗往来凡一千四百余里，百姓不胜其苦”①。此为上二等户，支移往返远甚于官府所定的300里路程，达到1400余里，每纳一斗成本为500文，为市价十倍。“晋州第三、第四等人户，税有移于太原及石州，尽不下五百里，所费皆数倍。第五等税自来只纳于本邑，今亦移之本州及外镇县。则是一州五等之民皆受其弊，不独上二等也。”② 陕西、河东屡次用兵，“民赋率多支移，因增取地里脚钱，民不能勘”③。

南宋时，支移由间接附加税逐渐转变为脚钱直接附加税，较为普遍。如绍兴初，溧阳县支移军用马草，“每纳草一束，陪备有至八百文”④。孝宗时，“信州每纳苗米一石”，“收水脚之费二百文”⑤。湖南“诸州以租米馈荆、鄂、襄阳诸军，地里之远近不同，则运载之费出于民者宜有多寡。今诸州不能前知所当诣，因悉以远地为准而取其费。如潭州岁输三十万斛，则税外当岁输钱十万缗，

---

① 李焘：《续资治通鉴长编》卷393，元祐元年十二月庚子，第9558页。

② 同上书，第9559页。

③《宋史》卷174，《食货上二·赋税》，第4207页。

④ 叶梦得：《申尚书省相度折纳转运司应副刘琦等军马草状》，《全宋文》卷3178，上海辞书出版社、安徽教育出版社2006年版，第147册，第243页。

⑤ 杨士奇等：《历代名臣奏议》卷261，文渊阁《四库全书》本，上海古籍出版社2003年版，第440册，第420页下栏。

民力安得不重困?”① 十万缗的额外之收，以乾道年间（1165—1173）时价每石粮食值1贯200文计，② 则附加税率为30%左右。宁宗嘉定十一年（1218），监察御史王梦龙奏言：“所运不过八斗，计其资粮扉履、点摘诛求之费，常十倍于八斗之直。”③ 则附加税率更为夸张。

折变与支移，作为二税征收方式的一种变化形式，本身并不是二税田赋附加税，但是在具体征收过程中，由于官府借支移与折变而上下其手，事实上起到一种增征的效果，且其增征幅度远大于上述直接附加税税率，通过支移与折变而将赋税征收额翻倍或者数倍，在宋代似乎是较为普遍的现象。

### 三　其他重要附加税

上述诸项田赋附加税，不论是直接附加或者间接征收，都体现出宋代田赋征收中附加税已经成为一种普遍事实。但这些附加税似乎还不能囊括宋代的附加税之繁多。据蔡戡所言：“今二税之内，有所谓暗耗，有所谓漕计，有所谓州用，有所谓斛面；二税之外，有所谓和买，有所谓折帛，有所谓义仓，有所谓役钱，有所谓身丁布子钱，此上下之通知也。于二者之中，又有折变，又有水脚，又有縻费，有来年而预借者，有重价而折钱者，其赋敛烦重，可谓数倍于古矣。然犹未也，有所谓月桩，有所谓盐产，有所谓茶租，有所谓上供银，有所谓干酒钱，有所谓醋息钱，又有所谓科罚钱，其色不一，其名不同，各随所在有之，不能尽举。”④ 蔡戡的上述言论常常被广为引证，以说明宋代赋税之繁杂，百姓负担之沉重。其

---

① 《朱子全书·晦庵先生朱文公文集》卷93，《转运判官黄公墓碣铭》，第4281页。

② 乾道三年临安府诸县，“及至秋成，一斗不过百二三十。”参见徐松辑《宋会要辑稿》食货58，第7354页。

③ 刘克庄：《后村集》卷82，《玉牒初草·皇宋宁宗皇帝》，文渊阁《四库全书》本，上海古籍出版社2003年版，第1180册，第472页下栏。

④ 蔡戡：《定斋集》卷5，《论州县科扰之弊札子》，文渊阁《四库全书》本，上海古籍出版社2003年版，第1157册，第610页上栏。

对“二税之内”“二者之中”的各种征收窠名，就是我们所讨论的宋代各种直接或间接附加税。至于“二税之外”的课征，可视为其他附加税，或者直言乃是一种额外多征。我们择其要，仅论和籴（科籴）、和预买与折帛钱、役钱，以及预借等数种。

1. 和籴（科籴）

宋代的和籴也常称和市、籴买、收籴、收市、便籴、博籴、市籴等，是指公平地和买购置粮食，主要用以充实边饷军用。[①] 这种通过市场进行的粮食交易，在北宋前期本是一种官民自愿互利的行为。但从北宋中期以后，所谓和籴，已经在置场和籴之外，另有摊派和籴，开始出现官府仅支付很少的籴本，或直接不支付籴本，强制从百姓手中购买（征购）粮食，和籴也就由此而变为科籴了。

据载，仁宗时，京东西、陕西、河北等路，“取上户版籍，酌所输租而均籴之，谓之对籴”[②]。以民户上缴租税为基数而均籴，开始带有一定抑配性质。籴买标准为“自三等而上户税一石者，籴五斗”[③]，将籴买和田赋税粮缴纳相关联。徽宗时，童贯在陕西实行均籴，“下转运司摊定一州一县和籴都大石数，会计一州一县逐等第都计家业钱纽筭，每家业钱几文，合籴多少石斗”[④]。河东、陕西沿边“上等均籴三硕，中等二硕，下等一硕”[⑤]。则抑配籴买又和家业钱、户等相关联。此外还有按税钱、按顷亩而和籴等诸种类型。[⑥]

南宋时，四川和籴，“每民输米一石，即就籴一石，或半价，

---

① 马端临认为“平籴法始于魏李悝，然丰则取之于民，歉则捐以济民，凡以为民而已，军国之用，未尝仰此”，则将和籴视为常平；其后又言“自唐始以籴充他用。至于宋，而籴遂为军饷边储一大事”。（《文献通考》卷21，《市籴考二》，第617—618页）诚然也。

② 《宋史》卷175，《食货上三·和籴》，第4241页。

③ 李焘：《续资治通鉴长编》卷110，天圣九年九月己巳，第2566页。

④ 徐松辑：《宋会要辑稿》食货41，第6921页。

⑤ 徐松辑：《宋会要辑稿》兵4，第8688页。

⑥ 王曾瑜、朱家源：《宋朝的和籴粮草》，《文史》第24辑。

或不支，且多取赢”[①]。且令蜀中“诸州岁籴六十万石”[②]。“湖南一路旧有之，名籴而未尝给钱，多或兼倍正赋，州县受纳，必先籴而后租，民不供命，但能充籴而已。”[③] 抑配趋向更加明显，并且明确指出籴本“或半价”，“或不支”，则表明合籴已经变成科籴，成为百姓的另一项负担了。

宋代和籴，抑配数额和课配率各地不一。宋孝宗乾道四年（1168），“降指挥，两折、江东路州军人户有田一万亩，出粜和籴米二千五百硕”，“八千亩以上合出粜和籴米一千五百硕”[④]。杨万里说：“江西之州，有因秋租而每斛敷和籴十之二者。”[⑤] 理宗时，“浙右自三百亩以上，每亩例科三斗”[⑥]。浙西常熟县“于正赋外，以苗为率，复科纳和籴焉”，“岁籴多至三十万石，少亦不下十四、五万石”，而当时也只“管秋苗七万二千五百六十一石七斗九升五合”[⑦]，则和籴额相当于秋苗额的两倍至四倍，足见浙西一代和籴之重。

不仅如此，田赋正税所有之直接附加税，如加耗、斛斗等，在和籴苗米时同样存在。如宋徽宗就直接承认：“诸路州县输纳二税及籴纳粟、米、麦等，违法重征加耗，岁以为常。”[⑧] 金安节对宋高宗说，“诸路和籴米加耗太多，如饶州一石至收四斗”[⑨]。理宗

---

① 《宋史》卷387，《汪应辰传》，第11881页。

② 《宋史》卷398，《李蘩传》，第12118页。

③ 薛季宣：《浪语集》卷33，《笺行状·先大夫行状》，文渊阁《四库全书》本，上海古籍出版社2003年版，第1159册，第530页。

④ 徐松辑：《宋会要辑稿》食货40，第6902页。

⑤ 杨万里：《诚斋集》卷90，《民政中》，文渊阁《四库全书》本，上海古籍出版社2003年版，第1161册，第196页下栏。

⑥ 杜范：《清献集》卷11，《论和籴榷盐札子》，文渊阁《四库全书》本，上海古籍出版社2003年版，第1175册，第698页。

⑦ 孙应时等：《琴川志》卷6，《叙赋》，《宋元方志丛刊》，中华书局1990年版，第1208页。

⑧ 徐松辑：《宋会要辑稿》食货9，徽宗政和二年十月诏，第6181页。

⑨ 李心传编撰：《建炎以来系年要录》卷117，绍兴七年十一月己酉，第2176页。

时，“州县科籴及人户投粜不即给钱、多取斛面之弊”①。吴潜上奏称：“盖有淮乡人家出产之田仅二百四十亩，而县司明出给由子，科以和籴百四十四石，纳一石既当二石，而石数之外，又有呈样、罚筹、堆尖、脚剩名目，若公吏而下诛求，更不预焉，是以二百四十亩之田，而欲三、四百石米输官也。”② 以此而论，则和籴已经实为民间一害了。

2. 和预买和折帛钱

和预买与和籴非常相似，也具有一个从国家支付钱物购买绢帛（和籴则为粮草），到逐渐少支付或不支付购买本钱，而令百姓夏季输绢帛入官的赋税化过程，是宋代另一项重要税入形式。③ 由于和预买也有按田亩或户等强制均敷等规定，故仍视之如和籴一样为宋代重要的附加税。

和买，又称和预买，指的是官府向民间购买丝麻绢帛产品。吴曾说：“本朝预买紬绢，谓之和买绢。”④ 咸平二年（999），时任权户部判官马元方建言：“方春民力乏绝时，请预给库钱，约至夏秋令输绢于官。”“朝廷因下其法诸道，令预买绢，盖始此。”⑤ 景德中，河北转运使李仕衡也奏：“方春，民不足，可给以钱，使至夏输绢，民甚便之。诏推其法于天下，谓之和预买。”⑥ 因此，和预买，就是官府春季预支本钱于百姓，百姓则在夏季输纳绢帛入官。这种和预买，杨时曾说：“祖宗时预买紬绢，每匹支钱一千，限正

---

① 汪圣铎点校：《宋史全文》卷32，绍定四年十二月癸丑，中华书局2016年版，第2670页。

② 吴潜：《许国公奏议》卷1，《应诏上封事条陈国家大体治道要务凡九事》，《续修四库全书》本，第475册，第114—115页。

③ 和籴与和预买的区别从购买物品有差别，和籴为购买粮草，和预买则为绢帛。除此之外，二者最大的区别在于，和籴始终只是一种似税而实非税，没有完全变成田赋赋税；而和预买的演进则更进一步，后来直接演变成为不支付本金的定额赋税了。

④ 吴曾：《能改斋漫录》卷12，《谨正·和买绢》，文渊阁《四库全书》本，上海古籍出版社2003年版，第850册，第729页。

⑤ 李焘：《续资治通鉴长编》卷44，咸平二年五月丁酉，第944页。

⑥ 曾巩：《隆平集校证》卷3，《爱民》，王瑞来校证，中华书局2012年版，第114页。

月十五日前支讫。方春匮乏时，民间得钱，颇以为便。是时浙绢至中都，每匹之直千二三百钱，预支一千于人户，无所亏损矣。”①真宗时甚至高出市价和预买，“时青、齐间绢直八百，䌷六百，官给值一千，䌷八百，民极以为便”②。因此，可谓真正的官民两利，官府可以借此满足军需，百姓则得实利。

神宗以后，由于转运司乏钱，一方面预买已常常不能预支价钱，另一方面开始出现抑价和买和增息和买的情况。“元丰以前每匹支钱四百五十文或四百文”，尚“不致科剥”。元丰元年(1078)，“所支每匹才二百九十文，而民间输纳乃五六百文”。“夏税畸零布转运司并令纳估钱，每匹四百二十文足，及至和买，只支二百九十文，显见侵损税户。”③ 徽宗时和买“所定实直低小”，“官物之价多小于市”④，并且开始逐步成为无偿索取。崇宁中，“江西和买䌷绢岁五十万匹，旧以钱、盐三七分预给。自盐钞法行，不复给盐，令转运司尽给以钱，而卒无有，逮今五年，循以为常”⑤。“江浙虽云预买，而钱不时得，郡县盖有白取之者。”⑥ 而至此，预买也就由最初的利民之举变为“白著之科”和“一州无穷之害”了。⑦ 南宋时“州县和预买绢多不给本钱”⑧，就更为普遍。杨万里说：“今则正绢之外，又有和买矣。民之鬻帛于官者，谓之和买。旧之所谓和买者，官给其直，或以钱，或以盐，今则无钱与盐矣。无钱尚可也，无盐尚可乎？今又以县估直，倍其直而折输其

① 杨时：《龟山集》卷4，《论时事札子·五粜买》，文渊阁《四库全书》本，上海古籍出版社2003年版，第1125册，第131页下栏。

② 李焘：《续资治通鉴长编》卷86，大中祥符九年正月壬申，第1969页。

③ 吕陶：《净德集》卷4，《奉使回奏十事状》，文渊阁《四库全书》本，上海古籍出版社2003年版，第1098册，第35页上栏。

④ 徐松辑：《宋会要辑稿》食货38，第6831页。

⑤ 《宋史》卷175，《食货上三·布帛》，第4235页。

⑥ 杨时：《龟山集》卷4，《论时事札子·五粜买》，文渊阁《四库全书》本，上海古籍出版社2003年版，第1125册，第131页下栏。

⑦ 章如愚：《群书考索》别集卷20，《财用门·和买》，文渊阁《四库全书》本，上海古籍出版社2003年版，第938册，第974页下栏。

⑧ 李心传编撰：《建炎以来系年要录》卷69，绍兴三年十月庚寅，第1348页。

钱矣。"[①] 和预买的这种演变，已经变成另一种正式的税入，叫作折帛钱了。建炎三年（1129），两浙转运副使王琮上言："本路上供和买䌷绢，岁为一百一十七万匹，每匹折纳钱两千，计三百五十万缗省，以助国用。"这被认为是东南折帛钱之始。"折帛元出于和买。其始也，则官给钱以买之；其后也，则官不给钱而白取之；又其后也，则反令以每匹之价折纳见钱，而谓之折帛。倒置可笑如此，则官价之不给久矣。"[②]

和预买岁额北宋时最高或达四五百万匹，一般在三百万匹左右，南宋时或不足北宋半数，且各路州县数额分配轻重不均。[③]

和预买的分摊有多种依据。徽宗崇宁中，"诸路预买，令所产州县乡民及城郭户并准资力高下差等均给"[④]。两宋之交的方勺也言，"有司往往不复支钱，视物力以输㡘"[⑤]。则当时和预买主要按物力钱数多寡摊派。南宋时所谓"有丁则有役，有田则有赋，有物力则有和买"[⑥]。"和买所敷，则起于物力。物力有贰：有实业物力，有浮财物力。"[⑦] 所谓实业物力，是将田亩分等析计为家业钱数。"所谓浮财物力，不问田亩之有无，凡行商坐贾负贩营生之家，视其财力之丰约，以为物力之多寡，计利起敷。"[⑧] 以物力进行和买，以临安府为例，"绍兴二十一年已前，物力及三十四贯四百文方敷和买绢一匹"，至淳熙末年，"物力止及一十九贯五百文即敷和买绢一匹"[⑨]。物力钱等第降低以和买，事实上是扩大了和买

① 杨万里：《诚斋集》卷69，《奏对札子·轮对札子》，文渊阁《四库全书》本，上海古籍出版社2003年版，第1160册，第670页上栏。

② 徐松辑：《宋会要辑稿》食货64，第7751、7752页。

③ 汪圣铎：《两宋财政史》，中华书局1995年版，第340页。

④ 《宋史》卷175，《食货上三·布帛》，第4235页。

⑤ 方勺：《泊宅编》卷8，许沛藻、燕永成整理，《全宋笔记》第二编，大象出版社2006年版，第203页。

⑥ 徐松辑：《宋会要辑稿》食货70，第8159页。

⑦ 《两浙金石志》卷11，《宋丽水县奏免浮财物力札付碑》，转引自汪圣铎《两宋财政史》，中华书局1995年版，第342页。

⑧ 同上。

⑨ 赵善括：《应斋杂著》卷1，《免临安丁役奏议》，文渊阁《四库全书》本，上海古籍出版社2003年版，第1159册，第6页上栏。

范围。

也有按夏税税钱或田亩数而摊派。如隆兴二年户部批文中就讲和预买有“随田产税钱一例均科”，也有“用两项物力钱均科者”①。乾道元年，和预买“固有用田产税钱一例均敷者，亦有用浮财、物力两项均科者”②。淳熙十一年（1184），“臣僚言两浙、江东西四路和买不均之弊，送户部、给舍等官详议。郑丙、丘崈议，亩头均科之说至公至平，诏施行之”③。建康府和买，坊郭户以物力钱数为准，而乡村则以田亩摊派。其中“句容县上等人户每田一亩起纳和买绢一尺六寸二分六厘三毫，和买绵五分五厘五丝。上元县上等人户每田一亩只起纳和买绢三寸一分，（和）买绵二分二厘”，“其他诸县，如江宁每亩止科和买绢六寸，如溧阳、溧水，虽等则纽算不同，亦无有重如句容者”④。则不仅有和买绢，还有和买绵，且乡村中都是依据田亩均敷。可见和买绢并不能完全脱离田亩而论。

3. 役钱

北宋前期主要实行差役法，百姓按户等服职役。王安石变法时，于熙宁四年（1071）十月在全国推行免役法，对民户征收免役钱，以雇人充役，是为役钱课征之始。役钱由两部分组成，“凡当役人户，以等第出钱，名免役钱”；“其坊郭等第户及未成丁、单丁、女户、寺观、品官之家，旧无色役而出钱者，名助役钱”。役钱征收数额的确定，则“先视州若县应用雇值多少，随户等均取”，此外，“雇值既已用足，又率其数增取二分，以备水旱欠阁，虽增毋得过二分，谓之免役宽剩钱”⑤。可见，役钱由免役钱和助役钱组成，此外还有按20%征收的宽剩钱。坊郭户和未成丁、单

① 徐松辑：《宋会要辑稿》食货38，第6838页。

② 同上书，第6839页。

③ 《宋史》卷175，《食货上三·布帛》，第4240页。

④ 周应合：《景定建康志》卷41，《田赋志二·蠲赋杂录》，《宋元方志丛刊》，中华书局1990年版，第2003页下栏。

⑤ 《宋史》卷177，《食货上五·役法上》，第4300—4301页。

户、女户、寺观、品官之家等原来不承担差役的群体也缴纳助役钱。

元祐更化时，对免役法进行更改，新法推行前应役各色人等依旧承担差役。哲宗亲政后，又恢复免役法。南宋时则在征收役钱的同时继续差派职役，“名募实差”，役钱也就成为一项与差役无关的国家财政额外收入，也成为宋代百姓的另一项负担。

差役法之行到免役法变化，役钱征收并没有统一规定，而是令“以一州一县之力供一州一县之费，以一路之力供一路之费，诸路从所便为法”①。各州县自征自用。对于征收办法，各地亦不相同。邓绾说：“朝廷免役率钱之法，初且用丁产户籍……其均钱之法，田顷可用者视田顷，税数可用者视税数，已约家业贯百者，视家业贯百。或随所下种石，或附所收租课。”② 则田亩、税钱、家业钱等都可视为征收免役钱的依据。各地征收依据不一，甚至同一路分不同地区也有差别。如两浙路，“役钱立额浙东多以田税数钱为则，浙西多用物力”③。

这些征收役钱，从最初支付役人的雇募钱，逐渐变成与雇役无关的田亩或家业钱附加税入，南宋时陈傅良有一个精辟概述，简要而清晰，现引述如下：

> 所谓免役钱者，本以恤民，使出钱雇役而逸其力也。自罢募户长而取其钱，今隶总制（熙宁五年罢，十年以其雇钱别桩管。绍圣二年再雇，建中靖国元年再桩管。绍兴元年起发，九年罢。十年六月拘收入总制窠名——原书注，下文同）。罢募壮丁而取其钱，今隶总制（熙宁七年罢，十年以其雇钱别桩管。绍兴十二年十月拘收入总制窠名）。罢募耆长而取其钱，今隶总制（熙宁八年罢，十年以其雇钱别桩管。绍兴五年起发，九年罢。十年九月拘收入总制窠名）。而又以三分弓手雇

① 李焘：《续资治通鉴长编》卷227，熙宁四年十月壬子，第5523页注释。

② 李焘：《续资治通鉴长编》卷269，熙宁八年十月辛亥，第6605页。

③ 《宋史》卷177，《食货上五》，第4309页。

> 钱（建炎元年增置弓手，二年民户役钱更增敷三分以赡，三年罢。绍兴五年三月拘收入总制窠名）、一分宽剩钱（崇宁二年封桩，四年罢。政和三年再封桩，绍兴五年起发，九年罢。十年六月拘收入总制窠名），尽隶总制，而又以罢虞候重禄钱（宣和三年陈亨伯奏罢，五年拘收充籴本。乾道四年拘收入总制窠名起发）、罢诸州曹官当直散从官雇钱（宣和五年拘收充籴本）、罢学事司人重雇钱（宣和五年拘收充籴本）。宣和籴本之类，尽隶总制。至于官户不减半役钱（建炎二年起催，绍兴五年起发，乾道二年六月拘收，依经总制赴南库）、在京吏禄、在京官员雇人钱在（在京吏禄，每岁下淮南两州、十二路起一万四千五百贯，政和元年每路量添五百贯。在京官员雇人钱，绍圣元年立一万贯为额，于十四路起发。政和四年每路量添三百贯）之类，又令项起发，则免役钱之在州县者日益少，而役人无禄者众矣。①

南宋初年的役钱之征，已经变成国家财政经总制钱之一部分，由此可见一斑。而征收之数额，亦有逐渐加重的趋势。如临安原先“物力及三十贯已上，每一贯方敷役钱一十九文”，后改为“物力止十贯已上，每一贯即敷役钱二十五文”②。湖北巴陵等县役钱，“亩至为钱二百六十有畸”③。

役钱的增加更多是以增收宽剩钱的形式表现出来的。据包伟民对《中书备对》于熙宁九年各路宽剩钱的统计比例显示，全国二十四路宽剩钱比例征收低于20%的只有两浙、湖北二路，征收比例最高的为利州路，达到58.81%，其次为湖南路，宽剩比例为

---

① 陈傅良：《陈傅良先生文集》卷21，《转对论役法札子》，周梦江点校，浙江大学出版社1999年版，第288—289页。

② 赵善括：《应斋杂著》卷1，《免临安丁役奏议》，文渊阁《四库全书》本，上海古籍出版社2003年版，第1159册，第6页上栏。

③ 廖行之：《省斋集》卷5，《论湖北田赋之弊宜有法以为公私无穷之利札子》，文渊阁《四库全书》本，上海古籍出版社2003年版，第1167册，第340页下栏。

56.16%，其余各路的平均比例为 37.71%。[①] 南宋建炎二年（1128），以庆元府为例，免役钱两料共计 77921.484 贯，其中拨给府县雇役使用有 42956.792 贯，归提举司有 329.024 贯，收归朝廷有 34635.668 贯，宽剩比例为 44.45%。[②] 而"所谓宽剩者皆入经赋，而民之应役者如故也"[③]。

上述诸项，是宋代田赋征收中较为常见或较重要的各种附加税形式。此外，还有一些沿袭自五代以来的附加税，诸如曲钱（将榷酒课利摊入地亩而来）、盐钱（将榷盐课利摊入地亩而来）、牛皮钱（将课配牛皮折钱摊入地亩）、鞋钱（将应副军须科配军鞋折钱摊入地亩）、蓌钱（将仓库所用苇席折钱摊征于地亩），[④] 还有如钞旁定贴钱等，此处不一一赘述。

在这些附加税中，加耗、斛面与大斗为直接附加税，增加额度通常能直接估量。至于折变、支移与脚钱征纳，往往为间接附加，其附加额具有一定隐蔽性，并且由于折变手法的多样化，间接附加税额往往超过直接附加税额。和籴（科籴）、和预买和折帛钱、役钱诸类，虽也常以田亩等为附加征收依据，却又多少带有向独立税额演变的痕迹，并且出现定额化征收的趋向，其征收额度并不比其他附加额为少。如以役钱为例，神宗时每年征收役钱达一千四十一万四千五百五十三贯硕匹两[⑤]，而以役钱、其他头子钱、勘合钱等为主要构成的经总制钱，淳熙年中达到 1500 万贯[⑥]。显然，这些收入均已经成为宋代国家财政收入重要的、不可忽略的组成部分。

田赋附加税的广泛与多样化存在方式，在唐宋以后的中国古代

---

① 包伟民：《宋代地方财政史研究》，上海古籍出版社 2000 年版，第 217 页。

② 方万里、罗濬撰：《宝庆四明志》卷 6，《叙赋下》，《宋元方志丛刊》，中华书局 1990 年版，第 5059—5060 页。

③ 章如愚：《群书考索》后集卷 56，《财赋门 · 役类》，文渊阁《四库全书》本，上海古籍出版社 2003 年版，第 937 册，第 785 页下栏、786 页上栏。

④ 汪圣铎：《两宋财政史》，中华书局 1995 年版，第 197 页。

⑤ 徐松辑：《宋会要辑稿》食货 65，第 7806 页。

⑥ 《叶适集 · 水心别集》卷 10，《外稿 · 实谋》，第 767 页。

社会非常普遍，但凡论及宋以后的赋税与财政，基本都不可避免地论到附加税问题。甚至可以说，附加税问题已经成为中国古代赋税的一个有机组成部分了。当然，相较于以田土为征收依据，由一定征收税率构成的正式的田赋制度而言，附加税只是一种非正式制度，它只能附着于田亩或田赋随之一起进行征收，具有隐蔽性、随意性、非法定性等特点。但非常有意思的是，宋代这些附加税一旦出现以后，又有逐渐固定化的趋势，甚至地方政府官员们对一些附加税如加耗、斛面，如折变、支移，如和籴、和买、役钱，常视之为征收的理所必然。这不由得让我们思索：附加税产生的土壤究竟是什么？或者说哪些因素导致了在法定税制之外的附加税产生？这些附加税最终又流向何处？对官府国家、普通百姓又产生了怎样的影响？下文我们将简单分析之。

## 第二节　财政需求扩大与田赋附加税

原额主义的存在是中唐入宋以后田赋税制制定和征收时的一个重要特色。[①] 这种田赋原额主义观念的产生，如前所述，是基于国家财政开支固定化，在“量出以制入”财政原则指导下，一种不增赋于民、与民休息的财政理念。这种理念，其实也是儒家正统思想所倡导的“轻徭薄赋”德政方针的具体实践，希望以此实现“民不加赋而国用饶”。从税制制定的角度来说，如果能从“原额”征收之中既满足国家财政支出需要，又能实现轻徭薄赋的目的，那么不论在任何时代，它就是一种合理有效的税制。但非常不幸的是，这种自两税法改革后一直为统治者所强调和重视的“原额主义”，其实是一个虚假命题。这是因为，帝制国家的财政预算从来不是固定不变的，财政需求也从来不可能一成不变。

宋代税制承唐末五代而来，“所谓两税，已非建中之旧。宋承

① ［日］斯波义信：《宋代江南经济史研究》，何忠礼、方健译，江苏人民出版社2012年版，第232页。

五代之弊，两税遂呈变态"[①]。五代相继、十国分立，各地税额均已非唐两税税额，因面临其他政权的威胁，常常多取税入以应时变，而征取方式就是各种科敛附加百出，如水脚钱、加耗、身丁钱米等各类，其数甚繁。宋初一统，"国家承五季之弊，祖宗创业之初，日不暇给，未及大为经制，故其所以取于民者比之前代已为过厚"[②]。由于"未及大为经制"，税制基本全部照搬五代之法，自然对各种附加税以及如身丁钱米等类收入如数照纳，由此形成宋初税入的几种基本形式，如在"公田之赋""民田之赋"外，又有"坊郭之赋""丁口之赋""杂变之赋"等数类[③]。这些赋入，在北宋前期不仅可以满足国家财政支出，而且略有盈余。

大约从仁宗后期开始，宋廷财政需求急剧扩大，国家财政压力因此大增。而与此相对应，宋廷二税田赋，即国家正赋收入，却并未随之增长。根据史籍所载，北宋至道三年、天禧五年、治平二年、熙宁十年都有明确的二税统计，我们现根据所载，[④] 择其要点

① 李剑农：《中国古代经济史稿》（第三卷），武汉大学出版社 1990 年版，第 204 页。

② 《朱子全书·晦庵先生朱文公文集》卷 12，《己酉拟上封事》，第 625—626 页。

③ 《宋史》卷 174，《食货上二·赋税》，第 4202 页；《文献通考》卷 4，《田赋考四》，第 97 页。

④ 如前文所述，二税田赋构成主要是夏钱秋苗，即夏税以征收钱帛为主，秋税以征收粮食谷物为主。但由于各地物产不一，征缴税物常常随地所出，咸平三年诏税钱物力可折科布帛，又有所谓本色折色之别，因此征收税物构成极其复杂，在谷、帛、金铁、物产四类下又分成若干类。在所征收的各类税物中，计量单位也常常不同，如钱以贯计，谷以石计，帛以匹计，布以端计，丝绵以两计，藁薪以围束计，等等。而宋人在统计各种税入时，又常常将之合并而计，称"贯石匹两束围……"等。这种统计计量方式的含混，并不能据此说明赋税收入的实况。所幸宋代赋入统计中，除了含混的计量单位与统计数据之外，也有明确的分类记载数据，如上四个年份的数据既是。但这些具体税物构成也非常复杂，如至道三年税入有 15 种类型，天禧五年有 19 种类型，除谷物、钱物两大类外，绢帛布匹絁䌷丝绵之类的纺织品，也有数种之多，此外还有如茶、薪、碳、刍茭、鹅翎、箭杆等类型。后面这些税入类型，也常称杂色，其价值不一，而数量不少（如刍茭，动辄数千万围），若将之与粮、钱、帛混计，反而不利于税入之总数统计。因此，表 3 统计内容，主要为二税的主体构成，即钱、粮、布帛三大类。熙宁数据，有银的征收，神宗时银钱比价为银一两为钱一贯，故将银并入钱而计。至于布帛之类，则将绢、絁䌷、布、丝线、绵等合并而计。这样对主要物类的统计，相对来说，更能揭示出宋代田赋"原额"之面貌。

制表如下：

表3　　宋代二税田赋收入

| | 至道三年（997） | 天禧五年（1021） | 治平二年（1065） | 熙宁十年（1077） |
|---|---|---|---|---|
| 钱物（万贯） | 465 | 735.8 | 493.3 | 564.5 |
| 斛斗谷物（万石） | 2171.7 | 2279.2 | 1807.3 | 1788.5 |
| 布帛绢绌（万匹端两） | 875.5 | 792.9 | 276.4 | 852 |
| 总计（贯石匹两） | 3512.2 | 3807.9 | 2577 | 3205 |

注：至道三年数据来源于《续资治通鉴长编》卷42“至道三年岁末”（第902页）。《文献通考》卷4《田赋考四》所载谷物为2170.7万石，二者差距不大，忽略不计。天禧五年数据据《续资治通鉴长编》卷97、卷42所载天禧五年比至道三年增减之数计算得出（第2258页）。《文献通考》谷物为2278.2万石，差别可忽略不计。治平二年数据来源于蔡襄《端明集》卷22《论兵十事》。熙宁十年数据来源于《文献通考》卷4《田赋考四》（第103页）。

从此表统计可知，从至道三年至熙宁十年80年时间内，宋代二税田赋并未有所增长。甚至如治平年间，二税收入反有降低趋势，一方面这与民户逃避赋税有很大关系，但另一方面显然也与该时段内朝廷的大量蠲免有关[①]。仁宗后期时，国家财政已经开始入不敷出了，但二税田赋的征收数额仍处于相对凝固的状况。神宗时期的变法运动，虽有方田均税举措，但很显然，田赋并未因此而增长。也就是说，原额主义的影响实际上一直持续未变。

另外，国家财政需求的扩大非常显著。关于这一点，我们可以从宋代财政支出结构中可见一斑。

宋代财政支出主要包括皇室开支、官员俸禄开支（行政经费支出）、军队军饷粮草开支，以及其他包括农田水利、灾荒赈济等方面的开支。下面我们将通过对这种财政支出结构予以揭示。

① 《文献通考》卷4，《田赋考四》，第100页。

1. 皇室支出

宋代皇室的收入与支出主要由太府寺所辖的内藏库直接负责。由于宋代内藏库的收支均不纳入中央计司统筹，“外庭不敢问，有司不得计”①，有其自身特殊的管理渠道，同时也没有时人留下较相应统计数字，我们很难周知宋代皇室经费的收入与支出的总体情况。一般来说，在满足皇室需要方面，内藏库的开支主要体现在皇室的日常生活消费、婚嫁丧葬、修造和奉养宗室等方面。由于每一项事关皇室的开支，都缺乏相关职司的监督，这些开支费用无疑都很大。②

此外，祭祀和赏赐在皇室开支里占有独特的地位。而这些开支相对来说，常常是有据可考的。宋代“每岁大、中、小祀百有余所，罔敢废阙”③，其中南郊祭祀所耗费用最为巨大。郊祀每三年一次，费用动辄数百万，乃至千万。《皇朝编年纲目备要》载：“国家三岁一亲郊祀，计五百余万贯。景德郊祀七百余万，东封八百五十余万，祀汾阴、上宝册后又增二十万。”④ 曾巩说：“景德郊费六百万，皇祐一千二百万，治平一千三百万。”⑤ 南郊祭祀，南宋时耗费有所减少，但仍为国家财政开支的一个重要部分。这些经费除祭祀斋供外，绝大部分都用于赏赐。此外，每逢重要活动朝廷都有赏赐，因各种原因对宗室与个人的赏赐也是不绝于书。在这些经费支出中，内藏库调拨一部分外，其他绝大多数来源于三司和地方上供财物。

内藏开支的另一个重要方面是补助三司经费及军费支出。宋代帝王在满足皇室日常开支之外，还常常标榜内藏库的设立是出于“受岁计之余积，以待邦国非常之用”⑥ 目的，并且我们也的确经

① 高斯得：《耻堂存稿》卷1，《奏疏·轮对奏札》，文渊阁《四库全书》本，上海古籍出版社2003年版，第1182册，第19页下栏。

② 汪圣铎：《两宋财政史》（下），中华书局1995年版，第443—453页；黄纯艳：《宋代财政史》，云南大学出版社2013年版，第655—664页。

③ 《宋史》卷98，《礼一·吉礼一》，第2426页。

④ 陈均编：《皇朝编年纲目备要》卷9，天圣元年正月，“议省浮费置计置司”条，许沛藻、金圆、顾吉辰、孙菊园点校，中华书局2006年版，第181页。

⑤ 李焘：《续资治通鉴长编》卷310，神宗元丰三年十一月壬子条，第7517页。

⑥ 徐松辑：《宋会要辑稿》职官27，第3710页。

常见到将内藏库财赋调出补助三司及用于军费开支等方面的记载。①

由于内藏库的独立性，三司户部计司无法周知皇室经费的具体收支情况，但用于皇室的一些其他重要支出，比如南郊祭祀赏赐等相关方面的支用，计司得以参与其中，知其耗费巨大。曾任户部员外郎、湖广总领的项安世（1129—1208）议论宋代财费支出时说，“今天下之费最重而当省者，兵也……其次莫如宫掖”②。则皇室经费支用之浩大，可知也。

2. 官员俸禄支出（行政经费支出）

官员（包括吏员）是国家行政与管理人员，也是国家机器运转的主要依靠力量。官员主要通过获取俸禄而生活。官员的俸禄支出，是国家行政经费支出最为重要的组成部分，也是国家财政的一项主要支出费用。

宋代官员的俸禄，一般认为，本官是以料钱、衣赐和禄粟为主，差遣、贴职则以添支钱为主，外任官还有职田补助。元丰改制，宋廷以更优厚的帖职钱取代添支钱；徽宗时又大幅增加了兼职官员的津贴。因此，北宋时的官俸水平是呈增长趋势的。故赵翼在《廿二史札记》中说“宋制禄之厚”：“待士大夫可谓厚也。惟其给赐优裕，故入仕者不复以身家为虑，各自勉其治行。”③ 当是指北宋官俸。进入南宋以后，则官员俸禄有所降低。

据方勺对熙宁、元丰时官俸开支记载：“当年（熙宁十年），在京岁支宰臣已下百官料钱，五十二万九千九百五十七贯四百二十六文，诸路官员料钱，二百二十五万六千八百六十七贯”，而元丰初，“在京吏人，自中密下至诸司共二百九十一处，共五千一百四十人，岁支六十二万三千一百八十六贯硕匹两斤”④。则元丰时朝

---

① 参见黄纯艳《宋代财政史》，云南大学出版社 2013 年版，第 37—42 页图表。

② 《宋史》卷 397，《项安世传》，第 12099 页。

③ 赵翼：《廿二史札记校证》卷 25，《宋制禄之厚》，王树民校证，中华书局 1984 年版，第 560 页。

④ 方勺：《泊宅编》卷 10，许沛藻、燕永成整理，《全宋笔记》第二编，大象出版社 2006 年版，第 217、216 页。

省、诸寺监等机构的官员料钱与吏禄年支经费为341万贯。黄纯艳认为官员俸禄总支肯定比《泊宅编》所载之数高，但从北宋前期到元丰时官吏俸禄最多不会超过此数的2倍[①]，即元丰时官俸支出应不超过700万贯。由于除方勺外，再无他人对宋代官俸有记载，该数据可以作为我们了解宋廷官员俸禄开支的一个参考依据。

我们也可以通过宋代官员数量的变化，管窥宋代官员俸禄开支的大体情况。据《长编》所载："太平兴国初，文武朝官班簿才二百人，至咸平初四百人，天圣元年已逾千人。"[②] 包拯说，"景德、祥符中，文武官总九千七百八十五员"[③]。曾巩进一步言："景德官一万余员，皇祐二万余员，治平并幕职州县官三千三百员，总二万四千员"，"官之众一倍于景德"[④]。庆历年间，京朝官加选人超过12800人[⑤]。宝元以后，"宗室、吏员受禄者万五千四百四十三"[⑥]。元丰初，"文武见任官二万四千五百四十九员"[⑦]。元祐三年（1088），官员总数达到约4万人。[⑧] 宣和元年（1119），"吏部两选朝奉大夫至朝请大夫六百五十五员，横行右武大夫至通侍二百二十九员，修武郎至武功大夫六千九百九十一员，小使臣二万三千七百余员，选人一万六千五百余员"[⑨]，则这几部官员（并不是全部官员）总数已达到47420余人。"乾道中，京朝官已三四千员，选人

① 黄纯艳：《宋代财政史》，云南大学出版社2013年版，第645页。

② 李焘：《续资治通鉴长编》卷114，仁宗景祐元年二月乙未，第2665页。由于熙宁三年（1070）以前吏员并无俸禄，北宋前期所言官吏或吏员数其实都是指官员数量。太祖、太宗朝所载官员数并不是所有官员的总数。

③ 李焘：《续资治通鉴长编》卷167，仁宗皇祐元年是岁条，第4026页。另见包拯《包拯集校注》卷3，《论冗官财用等》，杨国宜校注，黄山书社1999年版，第140页。

④ 李焘：《续资治通鉴长编》卷310，神宗元丰三年十一月壬子条，第7517页。

⑤ 李心传：《建炎以来朝野杂记》卷12，《天圣至嘉泰四选人数》，第249页。

⑥ 《宋史》卷179，《食货下一·会计》，第4352页。汪圣铎认为这是至和二年（1055）之数（参见汪圣铎《两宋财政史》，中华书局1995年版，第778页）。

⑦ 方勺：《泊宅编》卷10，第216页。

⑧ 黄纯艳：《宋代财政史》，云南大学出版社2013年版，第622页。

⑨ 洪迈：《容斋续笔》卷4，《宣和冗官》，孔凡礼整理，《全宋笔记》第五编，大象出版社2012年版，第271页。

亦七、八千员。绍熙二年，京朝官四千一百五十九员，合四选凡三万三千一十六员。庆元二年，京朝官如绍熙之数，选人增至一万三千六百八十员，大使臣六千五十二十五员，小使臣一万八千七十员，通四选凡四万二千有奇。……嘉泰元年春，左选京官以上三千一百三十三员，选人万五千二百四员，大使臣以上六千八百五十四员，校尉以上万二千六百十六员，通四选共三万七千八百余员。"①宝祐元年（1256），监察御史朱熠说："景德、庆历时，以三百二十余郡之财赋供一万余员之俸禄；今日以一百余郡之事力，赡二万四千余员之冗官。"② 据上所述，制图如2。从图2所示，则宋代官员数额之增长盈缩概况可一目而大体可知。从景德、祥符中到宣和年间，是宋代官员增幅最大的时期，百余年时间，全国官员从1万人左右剧增至5万人以上，增幅达5倍以上。这也是被时人所痛批的宋代"冗官"现象。

在官俸一定的条件下，官员的剧增必然带来官俸剧增。而元丰至宣和年间，正是宋代平均官俸不断增加的时期。两相结合而言，则此期间的官俸经费支出数额也应该是最多。若元丰时官俸经费为700万贯，则宣和时官俸年支还要超过此数，但应不会超过1000万贯。

在以官俸为主要组成部分的行政经费开支结构中，除官俸外，还有其他办公经费，以及官员迎来送往宴饮经费等开支。这部分经费主要就是公用钱（公使钱）。真宗大中祥符六年，"诏广州知州给添支钱。自今以七十万为添支，五十万为公用"。究其原因在于"广州本无公用钱，而知州月给十万，盖兼备公费，而长吏以其名为添支，但以自奉，宴设甚稀，故特为定式"③。说明公用钱乃备用公费开支项目，而又以宴设为主要开支。在此之前，宋廷即"诏差定诸州军公用钱"④。元丰初，修订在京各官署公使钱额："三

① 李心传：《建炎以来朝野杂记》卷12，《天圣至嘉泰四选人数》，第249页。

② 《宋史》卷44，《理宗四》，第858页。

③ 李焘：《续资治通鉴长编》卷80，大中祥符六年六月辛巳，第1831页。

④ 徐松辑：《宋会要辑稿》食货35，第6783页。

司、开封府岁万缗，司农寺三千五百缗，将作监三千缗，都水监二千五百缗，群牧司、军器监、都提举市易司各二千缗，兵部千五百缗，刑部除旧大理寺月支钱外千缗，国子监七百缗，并自今年始。其不该裁定处依旧。”① 据元祐年中三省上言，在京职事官公使钱总额治平年中岁支十六万余缗，元祐初则增支至七十五万缗。② 至于地方州军，公使钱来源既有朝廷正赐钱，也有地方其他遗利为补充，其用于宴请馈遗之费，数额更为惊人。如淳熙中，平江府守王仲行，“一饮之费率至千余缗”，“蜀人守潭者，又有以总计摄润者，视事不半岁，过例馈送，皆至四、五万缗，供宅酒至二百余斛”③。州军公使钱等支费，我们下文还要再述，兹先不表。

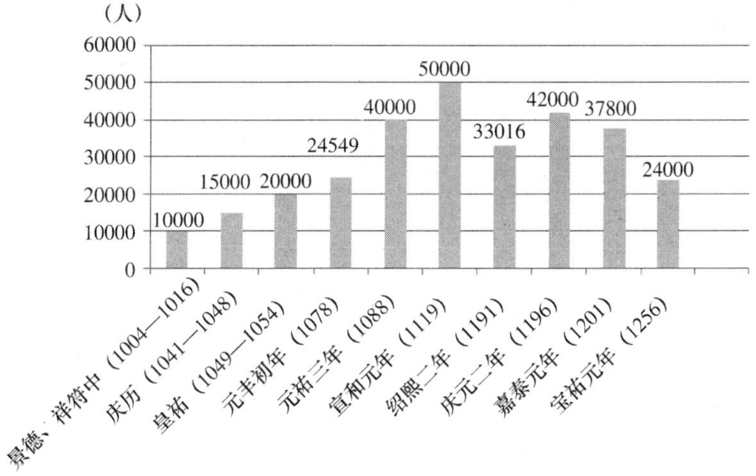


**图2　宋代官员数额统计④**

---

① 李焘：《续资治通鉴长编》卷296，元丰二月癸卯，第7204页。

② 李焘：《续资治通鉴长编》卷419，元祐三年闰十二月庚戌，第10148页。

③ 李心传：《建炎以来朝野杂记》甲集卷17，《财赋四·公使库》，第394—395页。

④ 由于宋初的统计数额主要是官员之数，不足以说明当时国家官吏总数，故不列入本图。庆历年间官员数取《宋史》与《建炎以来朝野杂记》二者中数。宣和年间数并不是所有官吏都统计在内，实际数额可能超过50000员，在此仅取50000人为额。

3. 军费支出

宋代是我国历史上第一个全面实行募兵制的朝代。军费开支也是宋代所有财政开支中所占比重最大者。

宋代的军队分为禁军、厢军、士兵三类，而以禁军、厢军为国家主要军事力量和常备兵种，其兵员均是通过招募而来的职业兵，完全仰赖于国家财政开支豢养。北宋兵员数额在元祐七年以前的若干年份均有籍可考，现将其兵员数额作图如下：

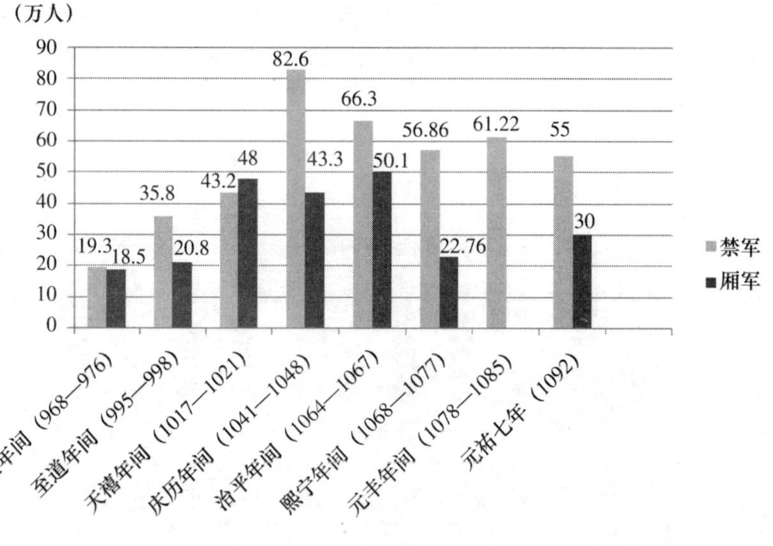


**图3　北宋禁军、厢军兵员数额**

资料来源：开宝至庆历年间数见《宋史》卷187《兵志》和《文献通考》卷152《兵考》；治平年间数见《宋史》卷187《兵志》；熙宁年间数见《长编》卷228、卷350，《宋史》卷187《兵志》；元丰年间数见《长编》卷350，《宋史》卷187《兵志》；元祐年间数见《长编》卷472。

据图3所示，北宋禁军与厢军兵员在太祖时期有37.8万人，太宗至道年间为66.6万人，天禧年间91.2万人，庆历达到峰值125.9万人，治平年间116.2万人，随后虽略有减少，但仍维持在90万人左右的规模。作战主力禁军的规模，则从不足20万人，最多增至80

多万人，随后保持在60万人左右。南宋时期，禁军变为地方军，直隶朝廷的称为御前大军。从绍兴到乾道年间，仅东南御前大军总数就为30万人左右。[①] 李心传则言乾道年间“三衙、江上、四川大军新额总四十一万八千人”，“其后诸军增损不常，然大都通不减四十余万”[②]。这些大军，均不包括地方禁军、厢军、土兵等。吕祖谦认为孝宗时养兵达80万人[③]，叶适谓计诸州厢兵、禁兵、土兵，“并兵制数亦且百万”[④]。南宋后期，其兵额虽有所减少，但亦不会太低。

宋代仁宗时养禁军一卒每岁的平均费用约为50贯，[⑤] 以当时禁军80万人左右计算，则每年用于禁军的支费达4000万贯左右。英宗时厢军51万人，每卒岁支费37贯，则岁费钱1887万贯。[⑥] 若以此折算，仁宗时期仅军费开支一项，就达到近6000万贯。故蔡襄发出这样的感叹：“一岁所用，养兵之费常居六七，国用无几矣。”[⑦] 北宋中后期所养禁军数额虽有所压缩，但仍维持在50万—60万人规模，加上厢军每岁所支数额，则每年国家支出军费当不低于4000万贯。南宋乾道年间，御前大军40万人，“合钱粮衣赐约二百缗可养一兵”，每一士兵的支费为北宋时4倍，“是岁费钱已八千万缗”[⑧]，而这尚不包括地方禁军厢军等费。若再加上地方禁军、厢军、义军等支费，南宋时军费开支将远超北宋。

上述诸经费，乃是常备兵军费支出。整个两宋时期，战争不

---

① 开禧年间参知政事蒋芾言：“在内诸军，……南渡以来兵籍之数，绍兴十二年二十一万四千五百余人，二十三年二十五万四千五百四十人，三十年三十一万八千一百三十八人，乾道三年三十二万三千三百一人。”（《宋史》卷193，《兵志七》，第4821页。）

② 李心传：《建炎以来朝野杂记》甲集卷18，《兵马·乾道内外大军数》，第405页。

③ 吕祖谦：《历代制度详说》卷11，《兵制》，文渊阁《四库全书》本，上海古籍出版社2003年版，第923册，第983页上栏。

④ 《叶适集·水心别集》卷10，《外稾·实谋》，第767页。

⑤ 蔡襄：《端明集》卷22，《论兵十事》，文渊阁《四库全书》本，上海古籍出版社2003年版，第1090册，第514页下栏。

⑥ 杨士奇等撰：《历代名臣奏议》卷38，“余君卿奏曰”，文渊阁《四库全书》本，上海古籍出版社2003年版，第434册，第82页上栏。

⑦ 蔡襄：《端明集》卷22，《论兵十事》，文渊阁《四库全书》本，上海古籍出版社2003年版，第1090册，第514页下栏。

⑧ 李心传：《建炎以来朝野杂记》甲集卷18，《乾道内外大军数》，第405—406页。

断。宋初的统一战争结束后，太宗时两次大规模伐辽，战争延绵至真宗景德中始议和。随后宋夏矛盾日益尖锐，于仁宗宝元、康定年中爆发大战。仁宗后期至英宗时稍有平缓。神宗即位后又向西夏、吐蕃进攻，同时开拓西南，对交趾进行防御战，暗地里又准备伐辽。哲宗元祐至徽宗时，宋夏战争又爆发。徽宗与金联盟攻辽，直至北宋结束。南宋初，金兵南下，淮南、东南尽为战场，直至绍兴十二年（1142）合议才罢。绍兴末，宋金又战。隆兴和议后，有短暂四十年安稳时期。开禧北伐，再启战端。绍定末，宋蒙之战不断，直至南宋灭亡。任何战争，都是物资、人力、财力的大幅消耗。宋廷在上述若干战争中，所费超过所得，并未从战争中获得实际利益，而战争军费开支与物资消耗都极为严重，总体是一种有增无减的态势。以此而论，宋代军费开支占国家财用支出的十之六七，乃至十之七八，[①] 恐并不为过。

4. 农田水利建设、灾荒救济等公共支出

农田水利建设、灾荒救济等公共支出是国家社会职能的重要体现，宋代政府在这些公共事务中也有一定的财政补助支出，但总体数额并不大。

宋代财政尚在农田水利建设中予以一定资助。“熙宁中尝捐常平钱米三万五千余贯石复加修理”宣州大农、永丰两陂。[②] 政和六年，清除平江府一带积水，曾调用本路诸州钱一百四万二千余贯[③]。淤田、营田司实施淤田，“自熙宁七年至十年，费钱十五万五千四百余缗”[④]。关于农田水利建设方面的财政投入，像这样的记载已经是同类中较高数额了，并且这样的财政支出普及性有限，反映出

---

① 军费支出占十之六七乃至十之七八的记载，普遍见于两宋史籍。如前引蔡襄之语，陈傅良《陈傅良先生文集》卷 19《赴桂阳军拟奏事札子》，刘克庄《后村先生大全集》卷 145《龙学余尚书神道碑》，黄震《黄氏日抄》卷 67《馆职策》，《皇朝中兴两朝圣政》卷 64 淳熙十六年九月庚申条目，朱熹《朱子语类》卷 110《论兵》等均持与此相似的说法。

② 《（嘉庆）宁国府志》卷 21，《艺文志》佚名《重修大农陂永丰陂记》，转引自汪圣铎《两宋财政史》，中华书局 1995 年版，第 505 页。

③ 徐松辑：《宋会要辑稿》食货 61，第 7513 页。

④ 徐松辑：《宋会要辑稿》食货 63，第 7653 页。

宋代农田水利建设经费支出在国家财政中是微不足道的。

相较于农田水利建设，国家在灾荒救济方面的支出要多一些。《宋史·食货志》载："诸州岁歉，必发常平、惠民诸仓粟，或平价以粜，或贷以种食，或直以振给之，无分于主客户。不足，则遣使驰传发省仓，或转漕粟于他路；……又不足，则出内藏或奉宸库金帛、鬻祀部度僧牒；东南则留发运司岁漕米，或数十万石，或百万石济之。"① 太宗太平兴国八年，"同州言岁饥，发仓粟四万石赈之"②。绍圣二年，"诏内藏库支钱十万贯、绢十万匹分赐河北东、西两路提举司准备赈济"③。理宗绍定二年，台州大水，"发丰储仓米十万石、封桩库钱五十万贯以充赈济、修城之用"④。类似这样的记载在宋代相对较多，反映出宋代国家在面对灾荒可能导致社会动乱方面，花费了相对较大的成本，也是宋廷维持内部稳定的一个重要举措。

5. 国家投资经费支出

宋代国家投资经费支出，主要指的是对坑冶、铸钱等国有手工业的投资成本支出，禁榷商品中的盐本、茶本投资支出。

坑冶、铸钱投资，指的是官府为从事坑冶铸钱而购买金、银、铜、铁、锡、铅及柴炭等的成本支出。宋代购买矿产品的费用多由转运司供给，但转运司因财计不裕而吝于支给，故北宋后期又增"用常平息钱与剩利钱为本。"⑤ 汪圣铎认为，此项投资支出当不少于每岁数十万贯。⑥

禁榷商品的投资，主要指的是官府收买该类商品的本钱。如盐本、茶本等。以盐本来说，除解盐官府不支钱收买，浙盐、淮盐等都向盐户支付购买成本。元祐元年（1086），官员上言者讲："两

---

① 《宋史》卷178，《食货上六·赈恤》，第4335—4336页。

② 徐松辑：《宋会要辑稿》食货57，第7325页。

③ 同上书，第7339页。

④ 高斯得：《耻堂存稿》卷1，《奏疏·直前奏事》，文渊阁《四库全书》本，上海古籍出版社2003年版，第1182册，第13页下栏。

⑤ 章如愚：《群书考索》后集卷62，《坑冶》，文渊阁《四库全书》本，上海古籍出版社2003年版，第937册，第861页下栏。

⑥ 汪圣铎：《两宋财政史》，中华书局1995年版，第501页。

浙每岁旧买盐本钱，常以三十万贯为额，近来不下四十万贯。”① 汪圣铎认为合计哲宗时两浙、淮南、京东河北、广南、福建等盐本岁支，当在百万贯以上。绍兴至淳熙年中，淮浙福广官榷买盐每斤支价十四文至十九文，而年产二亿斤至二亿五千万斤，则岁支盐本约为二百八十万贯至四百七十五万贯，投资成本不过若干分之一而已。② 茶本投入，主要指嘉祐以前政府向茶农支付的购买成本，嘉祐二年（1057）时茶本为三十九万贯③。行通商法既合同引法时期则官不买茶，也就没有茶本支出。

此外，宋廷尚有兴学之费、和买和籴支出之费、对辽金的岁币之费等。兹不细举。

从上述宋代财政支出结构与概况可知，宋代财政支出规模非常巨大。以军费支出一项来说，仁宗时每年开支要在6000万贯左右，此后虽有缩减，每年亦不下于4000万贯。官俸开支，元丰时达到700万贯，宣和时可能接近1000万贯。至于皇室内藏开支，由于缺乏明确统计数据，但一般来说南郊大祭支费都在数百万，加上其余赏赐等支出，亦不会低于数百万。这几项是宋廷财政支出最主要部分，累积起来数额非常可观。以具体可见资料记载数值来说，真宗至道年间（997）记载岁出达到8695万贯石匹两④，天禧末（1021）支出达148044万贯石匹两⑤，治平二年（1065）支出也在10000万贯石匹束⑥，元祐元年（1086）支出为9190.8万贯石匹

① 李焘：《续资治通鉴长编》卷365，元祐元年二月丁卯，第8764页。

② 汪圣铎：《两宋财政史》，中华书局1995年版，第500页。

③ 《宋史》卷184，《食货下六·茶下》，第4496页。

④ 李焘：《续资治通鉴长编》卷97，“至道三年岁末”统计得出，其中若去除刍3200.6万围，则支出钱粮金银绢帛等物5493.5万贯石匹两。

⑤ 李焘：《续资治通鉴长编》卷97，“至道三年岁末”统计得出，其中若去除草3458万围，木炭、薪荞450万斤，则支出钱粮金银绢帛等物仍到10905万贯石匹两。

⑥ 蔡襄：《端明集》卷22，《论兵十事》，文渊阁《四库全书》本，上海古籍出版社2003年版，第1090册，第514页下栏。《文献通考》卷24《国用考二》载是年财政收入达11613万，支出为12034万，第700页。

两[1]。至于南宋，由于资料缺乏，更难确知其具体支出情况。但一般认为，南宋后期财政支出应该更为庞大。[2]

总而言之，不论是从宋代财政支出结构及其概况分析来说，还是从宋代有籍可考所载具体支出数额来说，都显示宋代财政支出和财政需求极为庞大，这在前朝各代中从未出现。正是由于宋廷财政支出需要如此庞大，对财政收入也就提出了相应要求。北宋晚年晁说之就指出，宋代赋税收入比汉唐增加了 10 多倍。南宋初林勋则言宋代二税之数视唐增至 7 倍。[3] 李心传也指出，宋代田赋税入，“通力役之征，盖用其十”[4]，与唐租庸调相比增幅 10 倍以上。相较而言，北宋前中期就开始确立的田赋定额、“原额”之数——3000 万—3500 万贯石匹两的收入，显然是远远不能满足国家财政急剧扩张的需要。

为满足宋代急剧扩张的财政需要，宋代各级统治者可谓殚精竭虑，各种增税手段层出不穷。这既体现在国家对各种禁榷物品，如茶、盐、酒等的征榷和商税的征取方面，也体现在国家利用各种手段对田赋的循环附加。事实上，正是由于国家对征榷物品和商税收入的普遍征取，以及田赋附加税的普遍存在，才有效弥补了受“原额主义”影响的田赋定额收入不足的状况。尤其需要特别指出的是，征榷与商税收入，在宋代已经成为超过二税田赋的新的财政来源。

关于征榷与商税收入，在此结合前人研究，简单整理陈述如下：建隆元年（960）宋太祖制定商税税则，规定对行商坐贾课征商税，并专设商税务负责征收。举凡应税货物、税则均在商税务前公示。“行者赍货，谓之过税，每千钱算二十；居者市鬻，谓之住税，每千

---

① 苏辙：《栾城后集》卷 15，《元祐会计录叙·收支叙》，曾枣庄、马德富校点，上海古籍出版社 1987 年版，第 1329 页。

② 参见漆侠《宋代经济史》第十章第三节“南宋统治的‘取民无艺与赋税的直线上升’”，上海人民出版社 1987 年版，另有中华书局 2009 年再版本。汪圣铎：《两宋财政史》第四章、第五章，中华书局 1995 年版。

③ 《宋史》卷 173，《食货上一·农田》，第 4170 页。

④ 李心传：《建炎以来朝野杂记》甲集卷 15，《财赋二·身丁钱》，第 328 页。

钱算三十”成为“关市之征”的基本税则。对一些小手工业者和农民，也要课住税。由于商品经济的发展，交换活动频繁，宋代商税也不断随之增加。据能见资料显示北宋时期的商税税额见图4。由于资料记载不同，在庆历中（1041—1048）商税达到近2000万贯的最高水平，治平（1064—1067）后基本稳定在800万贯以上。

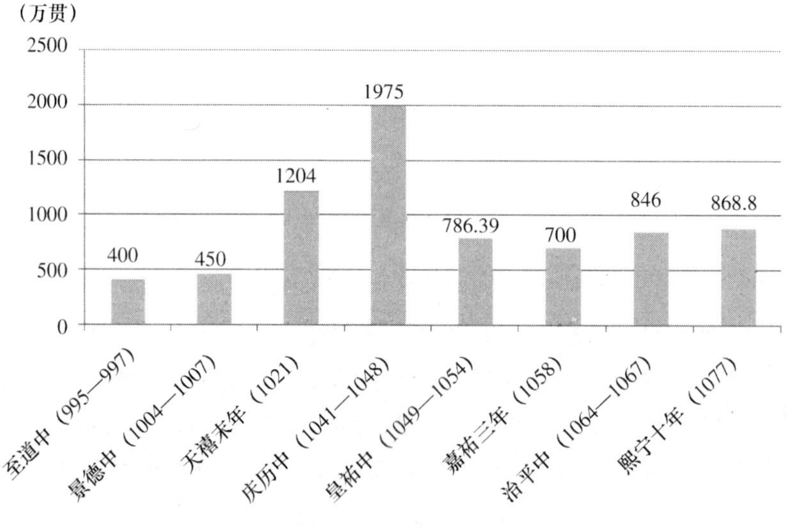


**图4　北宋前中期全国商税岁入**

注：至道、天禧年间数据见《长编》卷97，《宋史》卷186《食货志下八·商税》。景德、庆历年间数据见《乐全集》卷24《论国计事》。皇祐中数据见《宋史》卷186《食货志下八·商税》。嘉祐年数据见龚鼎臣《东原录》。治平中数据见《宋史》卷186《食货志下八·商税》。熙宁十年数据见《宋会要辑稿》食货15之16统计而得，四川铁钱以十分之一计入。

南宋时期的商税收入不似北宋有确切数字记载，但据《文献通考》所记，绍兴年间增商税税额三分或五分，称“三五分增收税钱”①。商税税率的增加，则商税总额在原有收入基础上必然有所增加。以临安府地区商税收入为例，淳熙年中（1174—1189）岁入

① 《文献通考》卷14，《征榷考一·征商》，第402页。

商税为102万贯,[①] 与北宋东京地区熙宁十年（1077）岁入40.23万贯[②]、元丰八年（1085）岁入55.2万贯比较,[③] 增幅近1倍。再如绍兴府、建康府、明州、常州等地，南宋时期商税税额均较北宋增长1倍至数倍。[④] 以此而计，尽管南宋时京东西、河北等路不再归宋统辖，领土面积缩小，但在南宋时期商贸水平更发达和商税增多的普遍事实下，则南宋时期政府商税收入在1000万贯以上不会有问题。朱瑞熙据此推论宋代贸易总额达4亿贯以上，民户家庭平均参与商贸达到20贯。[⑤]

征榷为国家专卖税入，广义而言也属于商税之一种，但其又与纯粹商税有较大差别。盐、茶、酒、矾税是宋代征榷中主要的收入部分。宋代盐法根据时间、地点不同而有征榷与通商之别，或官府直接经营专卖，或以通商而收税。两宋榷盐所得岁入见图5。盐税收入从宋初的200多万贯剧增到北宋中期的4000万贯，所用时间不足二百年。南宋时期的盐利亦能维持在每年岁入2000万左右。盐利事实上成为宋代征榷收入中的主体。

宋代的茶法变动极为频繁，其利入波动也较大。其中蔡京在政和年间的茶法改革影响最大，宋代的茶利也由之前利入200万贯上下剧增至700万贯以上。南宋时期的茶利也维持在300万—500万贯。宋代具体茶利收入见图6。

酒的征榷收入见图7。需要指出的是，本表收录资料均据李华瑞《宋代酒的生产和征榷》一文酒息钱40：60折合利入而来，而非文献所载之数据。榷酒利之入在宋初仅为111万贯，在庆历中

① 李心传：《建炎以来朝野杂记》甲集卷14，《财赋一·景祐庆历绍兴盐酒税绢数》，第290页。

② 徐松辑的《宋会要辑稿》食货15载“东京都商税院：旧不立额，熙宁十年，四十万二千三百七十九贯一百三十七文”（第6293页）。方勺在《泊宅编》卷10则言“在京商税，诸门镇四十九万八千五百一是贯有零”。（第217页）

③ 李心传的《续资治通鉴长编》卷390元祐元年十月己亥户部言“京都商税务取酌中元丰八年钱五十五万二千二百六十一贯七百二十八文立为新额”（第9476页）。

④ 漆侠：《宋代经济史》（下），中华书局2009年版，第1026—1027页。

⑤ 朱瑞熙：《宋代社会研究》，中州书画社1983年版，第17页。

（1041—1048）暴增至1000万贯以上，随后基本维持在800万贯上下。南宋时期也应大致维持这种趋势。

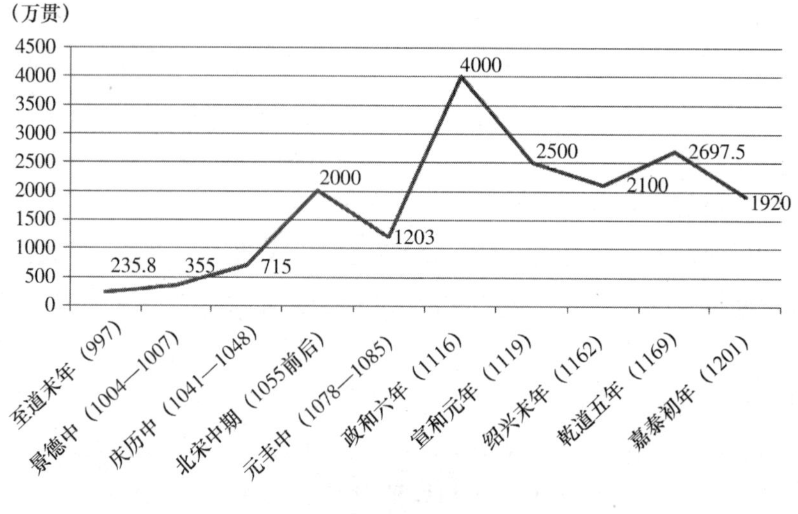


**图5　宋代盐利收入**

注：至道末年资料来源于《长编》卷97；景德中、庆历中资料来源于《宋会要辑稿》食货56之71；北宋中期资料来源于《梦溪笔谈》卷11；元丰中资料来源于《宋会要辑稿》食货23之9至15；政和六年资料来源于《宋史》卷182《食货志·盐》；宣和元年资料来源于《群书考索》后集卷57《盐课入数》；绍兴末年资料来源于《建炎以来朝野杂记》甲集卷14《景祐庆历绍兴盐酒税绢数》；乾道五年资料来源于《宋会要辑稿》食货27之33及《宋史》卷183《食货志·盐》，且此数为淮浙卖钞盐收入数，钞盐以外及四川、福建广南数未计入；嘉泰初年资料来源于《建炎以来朝野杂记》甲集卷14《总论国朝盐荚》。

此外，矾的专卖收入由于相较于盐、茶、酒的征榷而言，数额较小，不另行绘图列出。

坑冶收入在宋代财政中也占有一定比重。在此根据《续资治通鉴长编》《文献通考》《宋史》等相关篇目中较详细地记载了至道末年（997）、天禧末年（1021）和熙宁十年（1077）征榷与坑冶收入的具体数字，制作表4、表5、表6。

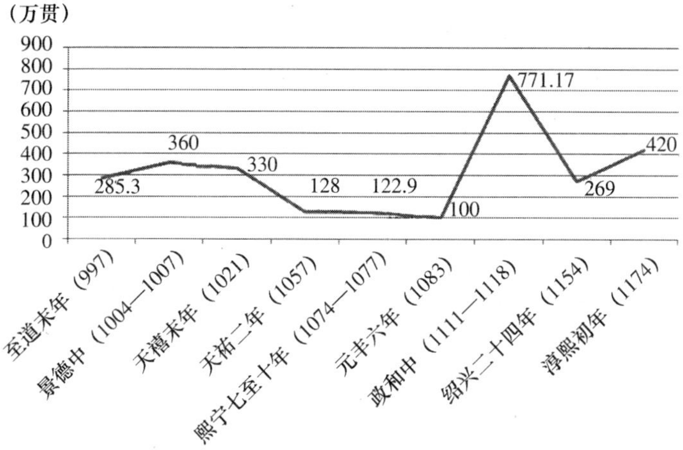


**图 6　宋代茶税收入**

注：至道末、天禧末年资料来源于《宋史》卷 183《食货志 · 茶》；景德中来源于《长编》卷 100；嘉祐二年数据来源于《长编》卷 189；熙宁七年至十年来源于《长编》卷 303；元丰六年来源于《长编》卷 340；政和中数据来源于《建炎以来朝野杂记》卷 14《总论东南茶法》，《群书考索》后集卷 56《财赋 · 榷茶》；绍兴二十四年数据为东南卖茶引岁人，来源于《建炎以来系年要录》卷 167；绍兴末年数据同样为东南卖茶引岁入，见《建炎以来朝野杂记》甲集卷 14《总论东南茶法》。

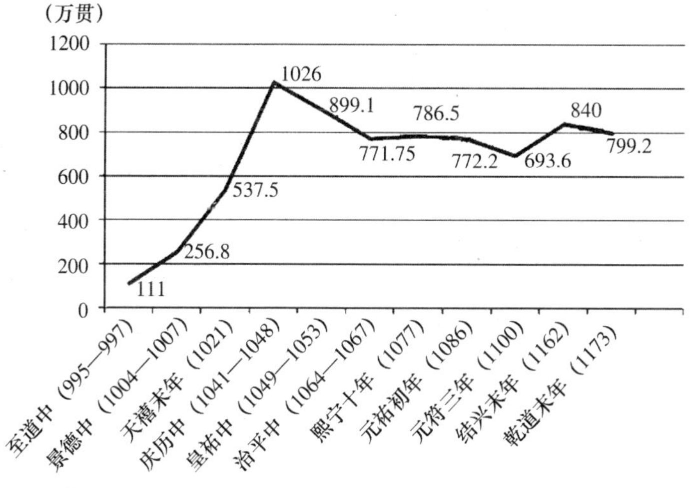


**图 7　宋代榷酒收入**

注：本图数据来源于李华瑞《宋代酒的生产和征榷》，河北大学出版社 1995 年版，第 352—354 页。此数据均按酒息钱 40:60 折算而得。

表 4　　至道末年（997）征榷与坑冶收入

| 岁入种类 | 岁入钱数（万贯） | 备注 |
|---|---|---|
| 盐税 | 235.8 | 《长编》卷 97；此系合计颗、末盐税收入之数，其他地区盐税未计入 |
| 酒税 | 111 | 李华瑞：《宋代酒的生产与征榷》，第 352 页 |
| 茶税 | 285.3 | 《宋史》卷 183《食货志下五・茶上》 |
| 矾税 | 17 | 《宋史》卷 185《食货志下七・矾》 |
| 银 | 14.5 | 《长编》卷 97；《文献通考》卷 18《征榷考五》。课银 14.5 万两，以每两折钱 1000 文算 |
| 铜 | 107 | 《长编》卷 97；《文献通考》卷 18《征榷考五》。课铜 412.2 万斤，每斤折钱 250 文 |
| 铁 | 11.5 | 《长编》卷 97；《文献通考》卷 18《征榷考五》。课铁 574.8 万斤，每斤折钱 20 文 |
| 铅 | 2.4 | 《长编》卷 97；《文献通考》卷 18《征榷考五》。课 79.3 万斤。每斤折钱 30 文 |
| 锡 | 0.8 | 《长编》卷 97；《文献通考》卷 18《征榷考五》。课锡 26.9 万斤。每斤折钱 30 文 |
| 合计 | 785.3 | 折钱数依据程民生《宋代物价研究》，人民出版社 2008 年版，第 268—290 页。后表折钱同上 |

表 5　　天禧末年（1021）征榷与坑冶收入

| 岁入种类 | 岁入钱数（万贯） | 备注 |
|---|---|---|
| 盐税 | 422.8 | 末盐岁入数据《太平治迹统类》卷 9，颗盐岁入数不载，据至道数合计之 |
| 酒税 | 537.5 | 李华瑞：《宋代酒的生产和征榷》，第 352 页 |
| 茶税 | 330.3 | 《宋史》卷 183《食货志下五・茶上》 |

续表

| 岁入种类 | 岁入钱数（万贯） | 备注 |
| --- | --- | --- |
| 矾税 | 23.9 | 《宋史》卷185《食货志下七·矾》 |
| 金 | 14 | 《长编》卷97；《文献通考》卷18《征榷考五》。课金1.4万余两，以每两折钱10贯计 |
| 银 | 88.3 | 《长编》卷97；《文献通考》卷18《征榷考五》。课银88.3万两，以每两折钱1000文计 |
| 铜 | 66.9 | 《长编》卷97；《文献通考》卷18《征榷考五》。课铜267.5万斤，以每斤折钱250文计 |
| 铁 | 12.6 | 《长编》卷97；《文献通考》卷18《征榷考五》。课铁629.3斤，以每斤折钱20文计 |
| 铅 | 1.3 | 《长编》卷97；《文献通考》卷18《征榷考五》。课铅44.7万斤，以每斤折钱30文计 |
| 锡 | 0.9 | 《长编》卷97；《文献通考》卷18《征榷考五》。课锡29.1万斤，以每斤折钱30文计 |
| 合计 | 1498.5 | 此外尚有水银、朱砂等入，但数额太少，略而不计 |

表6　**熙宁十年（1077）征榷与坑冶等岁入**

| 岁入种类 | 岁入钱数（万贯） | 备注 |
| --- | --- | --- |
| 酒税 | 786.5 | 李华瑞：《宋代酒的生产和征榷》，第353页 |
| 茶税 | 202.9 | 东南茶利以熙宁七年80万数计（《长编》卷284、《宋会要辑稿》食货30之31）；川蜀茶税钱、息钱122.9万贯（《长编》卷334） |

续表

| 岁入种类 | 岁入钱数（万贯） | 备注 |
| --- | --- | --- |
| 盐税 | 1203 | 熙宁时盐税收入不详，此为元丰中岁入数，据《宋会要辑稿》食货23之9—15统计。但此数中并不包括四川、河东、广南等地盐利收入 |
| 市舶 | 54 | 《宋史》卷186《食货志下八·互市舶法》所载熙宁九年数 |
| 市易 | 133.2 | 《宋史》卷186《食货志下八·市易》 |
| 坊场钱 | 602.7 | 《文献通考》卷12《职役考一》 |
| 金 | 10.7 | 《文献通考》卷18《征榷考五》 |
| 银 | 21.5 | 《文献通考》卷18《征榷考五》 |
| 铜 | 365.1 | 《文献通考》卷18《征榷考五》 |
| 合计 | 3379.6 | |

据表4、表5、表6绘制北宋时期征榷与坑冶收入为图8。根据图8所示，我们可以非常清晰地看出，在北宋初中期八十年时间里，征榷与坑冶收入增长4倍有余，达到3379.6万贯。如对比同时期租税赋入而言，二者之比已从至道末年（997）的1∶11增至熙宁十年（1077）的1∶1.55，征榷与坑冶收入已经从占国家财政收入的不足10%增长到35.8%了。

若再加上商税收入，则至道末年工商征榷等税入已达到1185.3万贯，天禧末年达到2704.5万贯，熙宁十年则达到4247.8万贯。很显然，至迟从熙宁十年开始，工商征榷等税入已经超过二税田赋收入了。

综上所述，由于受“原额主义”的影响，宋代的正税，即田赋收入有限。在国家财政需求扩大的背景下，正税收入数额远远不能满足财政需求。于是有征榷、工商税收入等作为财政来源的有效补充，但加征各种附加税，也就随之成为一种必不可少的补救手段了。

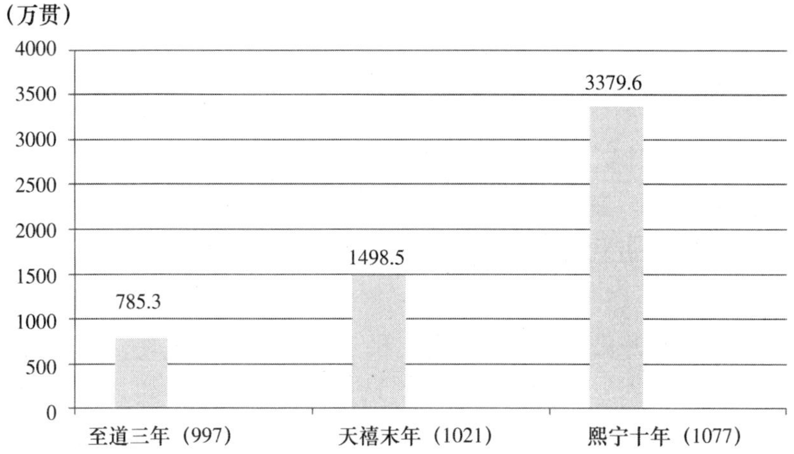


**图 8　北宋征榷与坑冶收入**

## 第三节　地方财政与田赋附加税

如果说财政需求扩大和田赋定额凝固化的双重作用，导致了宋廷不得不以各种附加税的形式增加国家财政收入，那么，宋代财政分配以及由此发展演进到极端的中央集权上供征调体制，所造成对地方财政的大肆侵损，以及地方财政支出的随之扩大，进一步将附加税问题推向了一种无可挽回的境地。

### 一　宋代的财政分配体制

财政分配是指将财政收入按支出需要在不同部门进行分配配置的过程，它往往通过国家预算而实现。财政分配既可以指按支出种类名目进行的分配，也可以是中央与地方间的财政分配。在这里，我们着重讨论宋代中央与地方之间的财赋分配及其运行机制。

唐代前期，没有中央与地方财政的划分，所有财政收支，都在中央统辖支配下运行。安史之乱爆发后，为平定叛乱，唐廷首次允许诸道节度使“应须士马、甲仗、粮赐等，并于当路自供”①。这种临时处置事宜在平叛后成为成规，从而使独立的地方财政登上唐史舞台。建中两税法改革后，到宪宗元和年间（806—820），正式确立了各州两税征收定额划分为上供、留州、送使三个部分。通过赋税三分法，唐中央政府在诸道获得一定比例的税赋，同时也将地方赋税的制税权、放免权及支用留州留使钱物权给予地方，通过赋税及财权分割，确立了中央与地方的财政关系。②

宋承唐末五代之制，在中央与地方关于财赋的分配体制中，同样存在上供、送使、留州三种类型。叶梦得（1077—1148）说：“唐制，诸道贡赋别而为三：有上供，有留州，有送使，本朝大略因之。上供之外，留州者，逐州之所用也；送使者，转运使之所领也。”③ 但名称表面的承袭之后却包含深刻的内涵变化。同为地方收缴而来的贡赋分配，有“上供”“送使”“留州”不同类别④，名称相同而实质差异很大。唐代的送使，乃藩镇诸使；宋人所谓的送使，则是指路分监司转运使。唐后期藩镇常与中央分庭抗礼，所谓“上供”乃是中央从地方获得一定份额的赋税收入，其财赋主导权在地方而不在中央；宋代转运使则主要服从中央调度，以“足上供”及对所属州县内部财物调拨、补助州军岁计经费等为主要职责，其主导权在中央而不在地方。因此，唐宋间中央与地方间财政分配差别很大。这种差别的形成与宋代中央集权举措的有力实施关系密切。

宋初，鉴于唐末五代地方藩镇势力尾大不掉，常成割据之弊，

---

① 《资治通鉴》卷218，唐肃宗至德元载秋七月丁卯，第6984页。

② 李锦绣：《唐代财政史稿》（第五册），社会科学文献出版社2007年版，第407页。

③ 叶梦得：《应诏咨询状》，《全宋文》卷3170，上海辞书出版社、安徽教育出版社2006年版，第147册，第137页。

④ 包伟民认为，宋代财政赋税分配，主要是在中央计司与地方州军之间进行，即只有上供与留州的两分法，而不是沿用唐人的上供、留州、送使三分法。参见包伟民《宋代地方财政史研究》，上海古籍出版社2000年版，第76—79页。

宋廷采取了若干收地方之权以加强中央集权举措，如：罢藩镇领支郡之权，改以文臣权知州军，命州军直隶京师，架空藩镇的地方行政权；收地方藩镇精兵，以为禁军，削弱藩镇的军事权限等。在财政方面，宋太祖一方面以文臣出任知州，以京朝官监临场务，收夺藩镇财权；另一方面又规定诸州除留州支用经费外，其余“凡缗帛之类，悉辇送京师”[①]，“凡金帛以助军实，悉送都下”[②]，加强对地方财物的控制。《宋史·食货志》说：“宋承唐、五季之后，太祖兴，削平诸国，除藩镇留州之法，而粟帛钱币咸聚王畿。”[③] 将地方存留财物全部解送京师，严格限制地方州军存留财物，杜绝了唐末以来地方割据的经济基础。这种“虚外郡以实京师”极端做法，直接打破了唐中期以来的上供、送使、留州三分之制，废除了“送使”这一地方藩镇赖以生存的财政环节。开宝六年（973），随着中央三司理财机构的逐步完善，中央集权成效愈显，太祖才下诏：“诸般进奉钱物并留本州管系，不得押领上京。”“诸州旧属公使钱物，尽数系省，毋得妄有支费。”[④] 将进奉钱物与地方行政开支的公使钱等一并“系省”，使其系籍于都省计司，同时规定每一笔经费使用均需报呈于中央计省方可支取，“举四海之大，而一毫之用，必会于三司”[⑤]。“祖宗之制，天下钱谷，自非常平仓隶司农寺外，其余皆总于三司，一文一勺以上，悉申帐籍，非条例有定数者，不敢擅支。”[⑥] 故这些钱物虽存储于地方州军，而州军却无实际支配权力，从而也就隔绝了地方财政的独立性和割据坐大的可能性。这种将地方存留钱物从辇运京师，转变为就地存储，而系籍于省司统筹计划安排的做法，既减少了物资运输环节的耗费，又借此实现了中央对地方财政的有效监管。

---

① 李焘：《续资治通鉴长编》卷5，乾德二年是岁载，第139页。

② 李焘：《续资治通鉴长编》卷6，三月是月载，第152页。

③ 《宋史》卷173，《食货上一·农田》，第4156页。

④ 《文献通考》卷23，《国用考一》，第694、693页。

⑤ 苏辙：《栾城集》卷21，《上皇帝书》，曾枣庄、马德富校点，上海古籍出版社1987年版，第466页。

⑥ 李焘：《续资治通鉴长编》卷368，哲宗元祐元年闰二月甲午，第8871页。

马端临因此评价说："唐末而方镇至于擅留上供之赋，威令不行故也；宋兴而州郡不敢私用留州之钱，纪纲素立故也。……纪纲既已振立，官吏知有朝廷，则不妨藏之州郡，以备不虞，固毋烦悉输京师而后为天子之财也。"① 即是此理。

财权高度集中于三司计省，固然便利了中央集权，但"举四海之大，而一毫之用，必会于三司"② 的极端财权集中，一方面是三司权力的急剧扩大，三司"所领天下事几至大半，权任之重，非他司比"③，其长官三司使遂成为地位略低于宰相，而与枢密使同列的最高国家官员。另一方面三司尽管号称"于天下财计，无所不统"④，但很显然，这只可能是一种理想的想象状态，或者是宋人对国家财政支出中央集权式的理想化描述，在现实中很难真正做到。试想全天下财物收支事务是何等繁多，若"一毫之用，必会于三司"，则天下财务绝非三司机构所能穷尽。⑤ 因此，为加强对地方财赋管理，也为了对一定区域范围内的财物支取调度作现实考虑，宋廷才又设"专以移用本路上供钱物为事"⑥，别称"漕司""外计""三司子司"的转运使司，使之作为中央计司的派出财政机构和监察机构，负责对一路钱物收支进行统筹调拨与监察核实。

宋代转运使更详细的职掌，包括"掌经度一路财赋，而察其登

---

① 《文献通考》卷23，《国用考一·历代国用》，第695页。

② 苏辙：《栾城集》卷21，《上皇帝书》，曾枣庄、马德富校点，上海古籍出版社1987年版，第466页。

③ 苏辙：《栾城集》卷41，《户部侍郎论时事八首·请户部复三司诸案札子》，曾枣庄、马德富校点，上海古籍出版社1987年版，第916页。

④ 徐松辑：《宋会要辑稿》食货56，第7287页。

⑤ 或者说正是因为而举国之下，庞杂的财政事务均汇集于三司，如对各地财政簿书的积压而不处理，形成办事效率极其低下，不能有效行使各种职能，从而给财政管理造成了许多漏洞。最典型事例如神宗熙宁五年（1072），经"详定帐籍所"检查，各地州军上报三司的文账，从仁宗天圣九年（1031）以后，就堆积而无人复核，徒具形式而已。从仁宗后期开始，官员批评、质疑并要求改组三司机构的呼声不断高涨。最终在元丰四年（1081）大规模官制改革过程中，以户部理财取代了原有的三司理财体制。可以说，这是三司为户部所取代的一个重要原因。

⑥ 徐松辑：《宋会要辑稿》食货49，第7117页。

耗有无，以足上供及郡县之费；岁行所部，检察储积，稽考帐籍；凡吏蠹民瘼，悉条以上达，及专举刺官吏之事”①。即掌管本路分财赋诸事，包括满足对中央财赋的“上供”，满足本路内地方州县经费支出需要；核实路分内仓储情况与赋税征收帐籍簿册等；以及“专举刺官吏之事”，即对地方官员的监督职能。而尤以以足上供和足州郡之费最为重要。很显然，宋廷设置转运司的目的就是在中央计司之外加强对地方财政的监管。因此，从严格意义来说，转运司其实属于中央计司的派出机构，中央财政的属性非常明确。但此外，由于转运司还有调剂所辖路分州郡财政余缺的职能，这种调剂州军经费的职能也使之具有一定的地方财政特色。② 尤其是北宋中期以后，随着转运司“岁计”的普遍出现，则其地方化色彩开始逐渐变浓，也成为地方一级财政机构了。转运使之下的州军，则是真正意义上的地方一级财政机构。

宋代财赋的上供、送使与留州分配，分别对应与中央财政、转运司财政和州军财政。对于三者之间的财赋分割过程，宋人笔下有不同的记载。如李纲曾论述指出：

> 依法，夏税……及纳毕，申所属监司，选官称量，合系上供之类，即团并成纲，发赴左藏库交纳；内有合系本州支给官兵春冬衣赐等用，即从本州支遣，皆有账籍可以稽考。此祖宗

---

① 《宋史》卷167，《职官七》，第3964页。

② 关于转运司究在国家财政体系中究竟属于中央财政还是地方财政，学术界有不同的看法。如许怀林（《北宋转运使制度略论》，《宋史研究论文集》，河南人民出版社1984年版，第293页）认为转运使“已经由临时性的使者，演变为稳定的、制度化的地方大吏”，将转运司视为地方财政范畴；郑世刚（《北宋的转运使》，《宋史研究论文集》，河南人民出版社1984年版，第332页）认为转运司在“一定程度上，已带有稳定的路级政区行政机构的性质”，对转运司地方性，留有余地；高聪明（《从“羡余”看北宋中央与地方财政关系》，《中国史研究》1997年第6期）认为宋代“转运司是地方财政的代表和主管”，是“地方财政主管单位”，明确指出转运司为地方财政主管机构。包伟民则认为转运司具有中央与地方双重属性，“从转运司制度确立开始，就开始了从作为中央计司派出机构向地方财政管理机构缓慢转变的过程”，而转运司“漕计”的出现，就是转运司地方财政区划形成的标志。本书赞同包伟民之论。

旧制，不可易之法也。①

南宋陈傅良（1137—1203）的描述则更为具体。他说：

诸州应系钱物合供文帐，并于逐色都数下，具言元管年代，合系本州支用申省，候到省日，或有不系本州支用及数目浩大，本州约度年多支用不尽时，下转运司及本州相度，移易支遣。三司据在京要用金银钱帛诸般物色，即除式样遍下诸州府，具金银钱帛粮草收、支、见在三项单数，其见在项内开坐约支年月，省司即据少剩数目下诸路转运司移易支遣，及牒本州般送上京。如有约度不足去处，许以收至诸色课利计置封桩，以此参考是岁进奉约束。②

从上述可知，对于征缴而来的赋税，宋廷的分配是以州为单位。即州先将收缴钱物财赋以“文帐”簿册的方式作“系省”（其内包含各色名数、元管年代、本州支用等信息）统计，然后将包括本州开支额度在内的“文帐”上报都省计司予以审核。③ 在计司审核批复之后，诸州开支经费即为“留州”。而诸州在约度年内支用不尽的财物需交由转运司进行移易支遣。至于上供，乃是“据在京要用金银钱帛诸般物色，即除式样遍下诸州府，具金银钱帛粮草收、支、见在三项单数”，“下诸路转运司移易支遣，及牒本州般送上京”。从而形成宋代特有的留州、送使、上供财赋三分体制。

从三种财赋的支出范围来看，上供主要用于满足中央财政支出需要，留州财赋则主要用于满足地方州军以及县级财政支出，而送使财物（即转运司移用钱），则属于转运司对地方州军财政余缺进

① 《李纲全集》卷106，《奏议·申省陈述受纳夏税物帛状》，第1007—1008页。

② 《文献通考》卷23，《国用考一》，“止斋陈氏曰”，第694—695页。

③ 止斋陈氏曰：“淳化五年十二月，初置诸州应在司，具元管、新收、已支、见在钱物申省。”（《文献通考》，第693页）

行调剂的备用之财。

“上供”钱物，指的是由各地州军直接供输京师及京畿地区的财赋征调。这类上供钱物，在宋初并无具体定额规定。为使财赋在中央与地方之间的分配走向制度化，大约在太宗、真宗年间宋廷逐步确立了地方上缴中央的上供定额。太平兴国六年（981），宋廷首次规定各地区上供漕粮岁额，如“汴河岁运江淮秔米三百万石、豆百万石，黄河粟五十万石、豆三十万石，惠民河粟四十万石、豆二十万石，广济河粟十二万石，凡五百五十万石”[①]。从真宗景德四年（1007）起，汴河漕粮“始定六百万石为岁额”[②]。绢绵等纲立额时间则在咸平三年（1000），银纲立额于大中祥符元年（1008），钱纲立额于天禧四年（1020）。[③] 粮、帛、银、钱等各类物品上供立额，乃是北宋前期中央与地方赋入分配的一项重大财政制度。中央通过立“上供格式”而确定各地的上供岁额，成为此后中央与地方财政分割的主要方式。后来宋廷每欲增加上供额度，均需重订“上供额”。此上供组成，主要是粮食、钱物与布帛。

此外，地方留州开支有余的钱物，在宋初就已经“尽数系省”，由中央计司进行统辖监管。若地方确实有需要从“系省钱物”内调拨支出，则需报呈于中央计省和转运司，经计司批复和转运司确认，方可支取，这也就是“举四海之大，而一毫之用，必会于三司”[④] 的寓意所在。因此，如果从广义而言，具体上供额度之外，留州之余的所有“系省钱物”也属于中央财政的支取范围。上供等钱物，主要用于满足皇室及京师文武官员俸禄等支出。

留州为地方州军财政支出来源。州军财政支出主要是地方官吏军兵廪禄以及其他行政支出。

转运司移用钱为转运司代表中央对地方进行监管的“多余”财

---

① 徐松辑：《宋会要辑稿》食货46，第7029页。

② 李焘：《续资治通鉴长编》卷64，景德三年岁末，第1439页。

③ 《文献通考》卷23，《国用考》，第691页。

④ 苏辙：《栾城集》卷21，《上皇帝书》，曾枣庄、马德富校点，上海古籍出版社1987年版，第466页。

赋，也是进行转运司“岁计”和调剂所部州军财物缺盈的主要物资基础。当其开始负责有转运司“岁计”预算安排筹划时，也就由中央计司派出机构成为地方一级财政机构。

经过宋初的不断努力，在中央集权已经牢固不可改变的前提下，宋代财赋分割体制名义上为三分法，其实却是以优先满足中央财政，即上供为第一要务。仁宗宝元二年（1039），朝廷明确规定：“财赋所出，各有攸司，由外以充内，自下而奉上者也。”[①] 随后，宋廷更明确将是否足额上供视为对转运司、州军长官考核的最直接依据。“诸路转运使上供不足者皆行责降，有余则加升擢。”[②]“崇宁立法，诸路违欠上供钱物，官冲替而吏配千里，务要应期办集。后大观间户部奏请以为法禁太重，将官员冲替改作差替，人吏决配改作勒停，期于必行，不为虚文。”[③] 崇宁二年（1103），令有关官吏“违负上供钱物，以分数为科罪之等，不及九分者罪以徒，多者更加之。岁首则列次年之数，闻于漕司，考实申部。又以督限未严，更一季为一月”[④]。而这种优先满足中央上供的财政体制，成为宋代财赋分配中的最核心的组成部分，也是直接导致后来宋代国家在财政压力大增之下对财赋分配的完全扭曲。

## 二　财赋征调与地方财政的困窘

宋代财赋在中央与地方之间的分配，从神宗以后开始发生剧烈变化。突出表现就是，一方面，中央财赋征调一日胜过一日，各种征调手段频出，不断累加；另一方面，地方财政问题日益突出，陷入一日胜过一日的困窘之中。

1. 中央对地方财赋征调的增长

北宋前期的财赋三分法，基本能够做到在中央与地方之间财政

---

① 李焘：《续资治通鉴长编》卷 124，宝元二年九月月末，第 2929 页。

② 李焘：《续资治通鉴长编》卷 174，皇祐五年六月壬辰，第 3214 页。

③ 徐松辑：《宋会要辑稿》食货 64，第 7757 页。

④ 《宋史》卷 179，《食货下一》，第 4358 页。

上的互相兼顾。据陈傅良所言，“国初未尝务虚外郡，以实京师”[1]，而在其《赴桂阳军拟奏事札子第二》一文中，对这种具体情况作了详细描述：

> 国家肇造之初，虽创方镇专赋之弊，以天下留州钱物尽名系省，然非尽取之也。当是时，输送毋过上供，而上供未尝立额。郡置通判，以其支收之数上之计司，谓之应在，而朝廷初无封桩起发之制。自建隆至景德四十五年矣，应在金银钱帛粮草杂物，以七千一百四十八万计，在州郡不会，可谓富藏天下矣。[2]

宋初虽有收天下钱财聚之京师的举措，其施行范围和时限主要应是宋在灭诸国过程中，将各国府库所储运输京师。在宋廷一统后，根据陈傅良的记述，则当时天下州郡，均积贮有一定数量的财赋。除川蜀地区外，“自余诸州常切约度，在州以三年准备为率外，县镇二年，偏僻县镇一年，河北、陕西缘边诸州不在此限”[3]。如江淮发运使在大中祥符年间上奏：“今春运米凡六百七十九万石，诸路各留三年支用。江南留百七十万石，外有上供五十万石，淮南留三百三十万石，外有上供五十七万石，所留以备赈粜。两浙有米百五十万石上供，外有九十一万石，备淮南赈粜。”[4] 由此可见，地方的确留有以备不时支遣的财赋。上供之外，并无其他征调，东南各路每年上供米 600 万石对地方财政运行并无影响。“盖宋承唐之法，天下财赋除其供辇送京师之外，余者并留之州郡。至于坊场、坑冶、酒税、商税，则兴废增亏不常，是以未尝立为定额。其留州郡

---

① 《文献通考》卷 23，《国用考一》，第 695 页。

② 《陈傅良先生文集》卷 19，《奏状札子·赴桂阳军拟奏事札子四·第二》，第 267—268 页。

③ 《文献通考》卷 23，《国用考一》，第 694 页。

④ 李焘：《续资治通鉴长编》卷 74，大中祥符三年十月己亥，第 1691 页。

者，军资库、公使库、系省钱物，长吏得以擅收支之柄。”①

宋代上供立额自真宗、仁宗时始，基本固定了中央在财政分配中所收取的大体数额。这一数额一经确定，就得以一直延续。自仁宗以后财政开始逐渐显露危机，但在财赋分割体系中，尚未有明显侵夺地方财权之举。

变化的开始发生在神宗时期。“熙宁以前，上供钱物无额外之求，州县无非法之敛。”② 熙宁时，王安石变法，在开拓新税源的同时，“以常平宽剩、禁军阙额之类别项封桩”③，重新制定了“上供格”，以此规定诸路州军新的上供钱物数额，从而造成上供“增额一倍”。元丰时，又创立了无额上供。“元丰五年又以上供年额外凡琐细钱定为无额上供”，无额上供包括坊场税钱、增添盐酒钱、卖香矾钱、卖秤斗钱、卖铜锡钱、披剃钱、封赠钱、淘寻野料钱、额外铸到钱、铜铅木脚钱、竹木税钱、误支请受钱、代支失陷赏钱、赃罚钱、户绝物帛钱等。大观三年（1109）“总诸路无额上供钱岁百余万”④。徽宗时尚书左丞宇文粹中言：“祖宗之时，国计所仰，皆有实数。有额上供四百万，无额上供二百万，京师商税、店宅务、抵当所诸处杂收钱一百余万。”⑤ 建炎元年诏：“诸路无额上供钱，依旧法，更不立额。”都表明无额上供的数额应极大。

宣和年间（1119—1125），陈遘又创经制钱。“若卖酒、若鬻糟、若商税、若田宅贸易牙税、若头子钱、若楼店钱皆稍增其数，别历收系，以供移用，谓之经制钱。”⑥ 陈傅良认为还有“赡学钱、籴本钱、应奉司诸无名之敛，凡十数色，合而为经制”⑦。南宋绍兴五年

① 《文献通考》卷19，《征榷考六》，第557页。

② 陈次升：《上哲宗乞罢外封桩》，《宋朝诸臣奏议》卷107，第1149页。

③ 《宋史》卷434，《陈傅良传》，第12887页。

④ 徐松辑：《宋会要辑稿》食货51，第7160页。

⑤ 《宋史》卷179，《食货下一·会计》，第4363页。

⑥ 章如愚：《群书考索》后集卷63，《财用门·经总制》，文渊阁《四库全书》本，上海古籍出版社2003年版，第937册，第870页下栏。

⑦ 《陈傅良先生文集》卷19，《奏状札子·赴桂阳军拟奏事札子四·第二》，第268页。

（1135），又设立总制钱。“至于绍兴，又以税契、七分得产勘合、添酒、五文茶盐袋息之类，凡二十余色，合为总制。”① 此外还包括如耆户长雇钱并抵当库四分息钱、转运司移用钱、勘合朱墨钱、出卖系官田舍钱及赦限内典卖牛畜等印契税钱、进献纳贴钱、常平司七分钱、常平司五分头子钱、二广福建江东西路免役一分宽剩钱、两浙西路役人雇钱、官户不减半民户增三分役钱、人户合零就整二税钱等。② 经总制钱一般以最高年份立额。绍兴时东南八路经制钱收600余万缗。嘉泰初，东南诸路经制钱收780万缗，四川90万缗。淳熙十年（1183），经总制钱岁额为1500万贯。如此浩大的经总制钱收入，已经成为南宋朝廷极为重要的中央财政来源了。

对于宋代熙宁以后财赋向中央集中的过程，陈傅良的记述较为完整，现转录如下：

> 盖自祥符奏立诸路上供岁额，熙宁新法，增额一倍。崇宁重修上供格颁之天下，率一路之增至十数倍，迄今为额，是特上供耳。而其他杂敛皆起，熙宁则以常平宽剩，禁军阙额之类，令项封桩，迄今为额。至于元丰，则以坊场、盐、酒、香、矾、铜、锡、斗、秤、披剃之类，凡十数色，合而为无额上供，迄今为额。至于宣和，则以赡军、籴本与凡应奉司无名之敛，合而为经制，迄今为额。至于绍兴，则又以税契七分，得产勘合、添酒五文、茶盐袋息之类，凡二十余色，合而为总制，迄今为额。最后又以系省不系省，有额无额上供、赡军等钱，均拨为月桩大军，迄今为额。而折帛、和买之类不与焉。③

从上可知，熙宁以后中央对地方财赋征调逐步增加的过程，是从增

① 《陈傅良先生文集》卷19，《奏状札子·赴桂阳军拟奏事札子四·第二》，第268页。

② 黄纯艳：《宋代财政史》，云南大学出版社2013年版，第335页。

③ 《陈傅良先生文集》卷20，《奏状札子·吏部员外郎初对札子三·第二》，第283页。

加上供额和封桩开始。“熙宁以常平宽剩、禁军阙额之类别项封桩，而无额上供起于元丰，经制起于宣和。”① 陈傅良认为中央上供的增额过程，概而言之，就是“自系省而有上供，自上供未立额而有年额，又有无额，自有无额上供而后有经制，而三榷之入尽归京师，至经制悉矣。……渡江，诸臣不惟尽循宣和横敛之旧，又益以总制、月桩，令项起发”②。以封桩来说，最初进行封桩起发的钱物本是宋初封存于各地的“系省钱物”，尚不能看出对地方财赋的侵夺。熙宁变法时进一步进行封桩的钱物，如“卖盐宽剩钱、阙额禁军请受、减省造船钱之类，名目甚多，本皆转运司之物，而一切封桩”③，已经属于是对地方财赋的侵夺了。更何况为了多行封桩，宋廷往往将名已减罢的赋税又再纳入封桩，“所减一事一件则据其所减色额责令转运封桩上供”④，则封桩已经开始成为地方财政的负担了。随后又有无额上供，又有经制钱，又有总制钱之类，完全就是对地方财赋进行不同名目的新的财赋征调。这些各色窠名，就是马端临所说，“自中兴以来，朝廷之经费日夥，则不免于上供之外，别立名色，以取之州郡，如经总制、月桩钱之类是也”⑤。

通过这一系列的财赋征调，集中于中央的财赋越来越多，而地方财政则不可避免地陷入困境，从而反映出北宋前期确立的财赋三分体制，实际上已经完全变形，演变成为一种一切以满足中央上供需要为目的的新型财政分配体制了。

从熙宁（尤其是崇宁大观）至南宋，宋代中央财赋征调急剧增加的过程，虽然有“崇宁、大观以来，兴造既多，用度浸广，于是设法而取之”⑥ 的直接原因，但更多的论述则仍将之归咎于王安石

---

① 《宋史》卷434，《陈傅良传》，第12887页。

② 《陈傅良先生文集》卷19，《奏状札子·赴桂阳军拟奏事札子四·第二》，第268页。

③ 王觌：《上哲宗论封桩钱》，《宋朝诸臣奏议》卷107，第1152页。

④ 陈次升：《上哲宗乞罢额外封桩》，《宋朝诸臣奏议》卷107，第1149页。

⑤ 《文献通考》卷24，《国用考二》，第720页。

⑥ 《李纲全集》卷63，《奏议·乞减上供数留州县养兵禁加耗以宽民力札子》，第674页。

在宋代所开创的逐利行为及其后续影响。如李纲就认为，“绍圣崇观，奸臣复用其法，其弊尤惨，皆金陵作俑之罪也”[①]。章如愚也认为“自熙宁初，王安石建言，与其财利资守臣，孰若收之公上。于是尽括四方地利，罢州府禁军招填，会逐路阙额兵食衣俸，上供京师”[②]，这个“尽括四方地利”，可谓道出中央财政征调剧增的真正原因，就是损地方以肥中央。

宋代地方财政管理系统由路分转运司与州县守臣组成，集管理地方岁计开支与应付中央上供的财政征调任务于一身，在财计充裕时期，地方自然可以做到赡下供上两不误。但从仁宗、英宗以来的国家财政支出日益庞大，国家财政压力明显增大，为解决财政困局，神宗于熙丰年间开始变法，在开拓新税源的同时，加大了中央向地方征调财赋的力度，徽宗时则进一步将之推向深入，南宋时则在继承北宋晚期财政格局基础上进一步加大了对地方财赋的征调，如上陈傅良所述即是也。

为实现和保障宋廷中央对地方财赋征调的持续有效，同时也是为了防止转运司在地方上财权过大，宋廷在宋初所确立的转运司—州军—县财政系统外，于熙宁元丰时又设有“第二征调系统”，即以提点刑狱、提举常平、提举茶盐诸司及州军通判、县丞为主体组成的所谓“仓宪倅丞”征调系统。[③]

熙丰变法时，“神宗皇帝……始分天下之财以为二司。转运司独用民常赋与州县酒税之课，其余财利悉收于常平司，掌其发敛，以待非常之用”[④]。即转运司—州军守臣仍负责两税和禁榷等课利收入，负责上供与地方经费，而通过推行新法增加的各种收入——如常平息钱、免役宽剩、买扑坊场等钱——则由常平司负责。徽宗

---

① 《李纲全集》卷63，《奏议·乞减上供数留州县养兵禁加耗以宽民力札子》，第674页。

② 章如愚：《群书考索》续集卷44，《兵制门》，文渊阁《四库全书》本，上海古籍出版社2003年版，第938册，第561页上栏。

③ 包伟民：《宋代地方财政史研究》，上海古籍出版社2000年版，第118页。

④ 王襄：《上钦宗论彗星》，《宋朝诸臣奏议》卷45，第481页。

时变茶盐之法，将茶盐之利由地方收归朝廷，为此专门于各路设置了提举茶盐官，经管一路茶盐之利。南宋绍兴五年（1135），将诸路提举常平并入茶盐司，此后相沿不变。

熙丰变法新增各项征调中的封桩钱、无额上供钱、经制钱等则概由提刑司负责："诸路转运司借朝廷封桩及常平等钱，籴买预买物斛，令提刑司拘管，候转运使收簇钱对行交拨。……如有违者，依擅支用朝廷封桩钱物法。"①

因此，对于沿袭北宋而来的南宋诸路监司而言，每一监司都有其与地方财赋征调的具体执掌，"婚田税赋则隶之转运；狱讼经总则率之提刑；常平茶盐则隶之提举"②。具体来说，在以往由转运司所负责的田赋与酒税征调之外，无额上供、经总制钱等由提刑司掌控，而免役钱、常平义仓、坊场河渡、盐茶之入等都归提举常平司（提举茶盐司）负责。这也就是叶梦得所说"本朝转运使所领，非两税常入，其他皆别为诸司"③。

宋廷不仅在路分监司中设置了专门的财赋征调机构，而且这种"第二征调系统"还往下延伸到州军以及县级机构。宋初州军置有通判，"使主钱谷"，但实际上宋初通判主要是为了牵制长吏，使其不得专权，具体负责的财权仅是点检账籍库务等事。④ 在宋初的财政分配格局中，州军长吏和通判都负有满足上供的职责。但从熙丰年间开始，直至南宋，上供额除通过转运司上供外，中央向地方征调财赋的其他部分，如提刑司、常平司所掌控的经总制、无额上供，乃至坊场河渡、免役钱等，很大程度上已经越过州军守臣，直接命由通判负责拘收发纳了。而越过守臣委任通判，却是由于经总制钱等原本"专委守臣桩管，缘守臣系掌一郡财赋，多是侵占支使"，于是令"诸州所收经制钱专委通判，只就本厅置库拘收，逐季终尽数拨

---

① 李焘：《续资治通鉴长编》卷434，元祐四年十月壬戌，第10470页。

② 徐松辑：《宋会要辑稿》职官45，第4255页。

③ 叶梦得：《应诏咨询状》，《全宋文》卷3170，上海辞书出版社、安徽教育出版社2006年版，第147册，第137页。

④ 包伟民：《宋代地方财政史》，上海古籍出版社2000年版，第47—48页。

赴行在"[①]。"经总制钱分隶之数，常患为守者侵取以供妄费，此专任通判之意也。"[②]"倅厅非州郡比，无供输之繁，免支费之扰，断不敢移易借兑。"正因为通判不需考虑地方财计，也就不会侵夺上供额，因此各监司在催收财赋时都责成通判："漕、宪、常平茶盐、坑冶司皆以各州通判为主管官，盖权有所归，究心督促。"令总领所亦"将诸郡合解钱斛委本州通判官充主管官，专一拘辖催促"[③]。在县级机构，经总制钱等也明确规定由县丞或主簿拘收发纳。这样，我们就看到宋廷将地方财政收入的很大一部分，从传统的漕司—守臣系统中分离出来，专委于不直接负责地方财政开支的机构，来确保财赋的征调上供。这两个征调系统的同时运作，最终促成了北宋后期至南宋国家财赋不断向中央集中和增长的财政现实。

2. 地方财政困窘与附加税

宋代财政在中央与地方之间的分隶支配体制，自熙宁以后发生重大改变，地方财赋不断通过两个征调系统向中央集中，造成了国家财赋征调一切以满足中央为要的变化。这带来的直接后果就是随着地方财赋不断向中央集中，地方财政不可避免地陷入困境之中。此外，由于国家财政一切以满足中央上供为要，从而放弃了对地方财政具体运作的监管调剂，地方政府为了摆脱财政困窘和有效实现地方行政，纷纷以附加税等形式攫取税入，导致北宋中期以后地方财政独立性明显增强。

如前所述，北宋前期国家财政分隶于中央和地方，有上供留州之别，地方财政较为充裕，"可谓藏富天下矣"[④]。熙宁变法时，"以郡之兵权太重而轻之，郡之财用太专而收之"，王安石"于是刮四方地利，籍州府禁军，罢招填而撥并军额。又会其逐利，阙额兵食衣桩，岁计其口数上供京师，乃隶提刑，目为朝廷封桩；立免

---

① 徐松辑：《宋会要辑稿》食货 64，第 7780 页。

② 徐松辑：《宋会要辑稿》职官 59，第 4661 页。

③ 徐松辑：《宋会要辑稿》职官 41，第 4032 页。

④《陈傅良先生文集》卷 19，《奏状札子·赴桂阳军拟奏事札子四·第二》，第 267—268 页。

役法，悉敛民财而官为差募；收坊场河渡、户绝没官之产，召人买朴；断佃量，破雇直以募衙前，藉其余资以助常平；设敛散之法，初号青苗钱，取息二分，岁积巨万；又为抵当市易，以抑兼并，措置常平使者，专董一司；其旧例，属州一税分数房廊、地利尽拨入转运司，以备经费；州郡只有公使库限额正使钱为守臣之施设，而又禁其回易，限其酝造，行之十年，州郡馈犒几乏其资，此守臣无财也”。从此以后，“二税之数悉入经费，正使之钱已禁酿造。问其茶盐，茶盐有使，问其坑冶，坑冶有司，青苗取息，免役输钱，星火文移，秋毫不贷，是守无财用也”①。“茶盐坑冶有使者，而茶盐坑冶之利州县不得私。坊场河渡募衙前，而坊场河渡之利州县不得取。二税分数旧属州县也，至是归运司以备经费矣。军资钱帛旧与州县也，至是亦归运司以备经费也。”《古今源流至论》所载，简要地概括了熙丰变法时的一些重要财政经济举措，尤其对宋廷借此“刮四方地利”的行为进行谴责，认为从此以后地方“守臣无财”“守臣无兵”，是导致靖康变乱时地方无法有效勤王的重要原因。这样的情况，熙丰变法仅是一个开始。徽宗即位后，“一年之内连下五敕，凡提举司所积钱取之殆尽”。五敕所取将府界诸路见管坊场钱、常平役钱、助役钱、诸路提举司将见在抵当息钱、诸路提举司将健在量酒钱起发上京，应付朝廷支用。② 南宋时有名无名征调更为繁剧，陈傅良总结为：“自系省而有上供，自上供未立额而有年额，又有无额，自有无额上供而后有经制，而三榷之入尽归京师，至经制悉矣。……渡江，诸臣不惟尽循宣和横敛之旧，又益以总制、月桩，令项起发。”③ 这些上供征调种类数额一旦确定，往往变为成例相沿，成为地方州军县的一项重要支出。

对于宋代地方财政来说，除了满足对中央上供征取外，还有本

① 林駉：《古今源流至论》续集卷7，《郡守》，文渊阁《四库全书》本，上海古籍出版社2003年版，第942册，第455页下栏、第456页上栏。

② 陈瓘：《上徽宗进国用须知》，《宋朝诸臣奏议》卷103，第1108页。

③ 《陈傅良先生文集》卷19，《奏状札子·赴桂阳军拟奏事札子四·第二》，第268页。

地州军的行政经费等各项开支。

北宋中期以后，尤其是南宋，地方财政开支一直呈增大趋势。以州郡为例，宋代州郡开支主要包括上供调拨、输纳监司供给本州岁计。满足上供和输纳监司之增幅情况上文已述。南宋时的州郡岁计支出，军食官俸之外，还“有归名［明］、有宗室、有添差、有离军拣汰”等支出[①]。南宋州郡有禁兵，有厢兵，有弓兵，钱粮皆由州郡负责，“禁军、土军、弓手、保甲之费则责之州县自办”[②]，于是“养兵始为大患”[③]。晁公遡主州郡时称，“某所领郡，岁收民租三万余石，月支军粮二千余石……一岁当支二万五千余石”[④]，军粮所支占本州粮食收入的八成以上。

州郡还有新增供养各色人等负担，“如宫观、如岳庙皆无定员，如离军使臣、如养老军员、如归正、如归明、如审官，其所创置员缺，未易悉数，又有特添差者，以此耗蠹益广，窘迫益甚”。最终就是“州郡凡百，费用盖十倍承平之时”[⑤]。绍兴年间，湖州“添差武臣，路、钤以下至进勇效士一百七十一员，军员五百三十一人，钱粮衣赐总计一岁共支钱十九万八千七百四十余贯”[⑥]。庆元府“尽本府七场务所入不足以给四十员总管之俸”，“其间有五十年不徙任者，计其俸钱二十余万缗，米十余万斛”。“离军添差大为州郡之患。”[⑦]

此外还有迎送费用。如“大郡迎一帅守，饰官舍，戒舟乘，庤器

① 林駉：《古今源流至论》续集卷3，《州县财》，文渊阁《四库全书》本，上海古籍出版社2003年版，第942册，第384页上栏。

② 彭龟年：《止堂集》卷11，《上漕司论州县应付军粮支除书》，文渊阁《四库全书》本，上海古籍出版社2003年版，第1155册，第864页上栏。

③ 《陈傅良先生文集》卷19，《奏状札子·赴桂阳军拟奏事札子四·第三》，第269页。

④ 晁公遡：《嵩山集》卷35，《上汪制置应辰》，文渊阁《四库全书》本，上海古籍出版社2003年版，第1139册，第192页下栏。

⑤ 汪应辰：《文定集》卷3，《论添差员缺》，文渊阁《四库全书》本，上海古籍出版社2003年版，第1138册，第610页下栏。

⑥ 薛季宣：《浪语集》卷18，《湖州与宰执书》，文渊阁《四库全书》本，上海古籍出版社2003年版，第1159册，第300页下栏。

⑦ 郑兴裔：《郑忠肃奏议遗集》卷上，《请宽民力疏》，文渊阁《四库全书》本，上海古籍出版社2003年版，第1140册，第201页下栏。

用，及吏卒借请，费或万缗，送还亦如之。卒有迁改，又当别行营办，以一郡而失万缗”[①]。相邻路州间还有相互馈遗，“凡帅臣监司到罢，号为上下马，邻道皆有馈遗，计其所得，动辄万缗。其会聚之间，折俎率以三百五十千为准，有一身而适兼数职者，则并受数人之馈，献酬之际，一日而二千余缗。此风在在有之，而东南为尤甚。扬州一郡，每岁馈遗，见于册籍者至二十万缗”。郑兴裔称自己“累任监司牧守，邻道馈遗，前后不下数十万”。这样的结果，就是“维扬一郡岁输朝廷钱不满七八万缗，而本州支费乃至百二十万缗”[②]。

这也就是说，宋代地方财政除上供增额征调外，地方经费开支之增长亦极为庞大：“有拣汰之军士，有添差之冗员，有指价和籴米之备偿，有纲运水脚钱之靡费，有打造岁计之铁甲，有抛买非泛之军器，有建造寨屋之陪贴，有收买竹木之科敷，有起发拣中厢禁土军弓手之用度，有教阅民兵保甲之支费，邮传交驰，使者旁午，是数十者皆州郡之蠹，所以致阙乏之由也。”[③]

但在中央集权体制之下，宋廷往往重视为满足中央财政需要的上供征调，并随着国家财政压力的增大不得不逐步放松了对地方财政的管理与经度。宋廷对地方必须优先保证满足上供征调有严格的法令规定，如绍兴二年（1132）十一月，臣僚建言“愿诏诸路监司，凡管下租赋利入拘催趁办未足额，不许截拨上供。其一路一州一县物斛钱帛应合输行在之数，敢有违欠，以慢法禁罪之”[④]。十九年（1149）九月诏：“诸路军州岁发上供诸色钱帛，并合桩管窠名，各有桩发条限。今将侵借去处，不以去官，并从本部按劾，重赐黜责施行。”[⑤] 二十三年（1153）规定，“上供诸色窠名钱物，在

① 罗愿：《罗鄂州小集》卷5，《南剑州上殿札子》，文渊阁《四库全书》本，上海古籍出版社2003年版，第1142册，第504页上栏。

② 郑兴裔：《郑忠肃奏议遗迹》卷上，《请禁传馈疏》，文渊阁《四库全书》本，上海古籍出版社2003年版，第1140册，第198页下栏。

③ 《宋史全文》卷25下，乾道九年六月己巳，第，2138—2139页。

④ 徐松辑：《宋会要辑稿》食货64，第7758页。

⑤ 同上书，第7760页。

法不得支兑移用，若辄擅侵支，各有专一断罪条法指挥”①。这种优先满足上供征调的财政体制，在财力相对有限而征取却无穷之时，往往只能牺牲地方利益以满足中央。就如汪藻指出，“国家逐路逐州逐县之财，皆有成数，量入为出，其理当然。今朝廷不问一路多寡有无，而责之漕臣，漕臣不问多寡有无，而责之郡守，郡守不问一县多寡有无，而责之县令。今日移文曰为某事支系省钱若干，不管阙误；明日移文曰为某事支经制钱若干，不管阙误。不禀承者，以威命临之，上下便文，递相逃责，至县而极矣”②。

地方财政因此陷入困窘，史籍不绝于书。下面略举数例言之。

南宋前期，严州“每岁合六县所纳苗米，除折纳糯米外，粳米止管八千七百五十一硕”，加上逐年婺州应付15000石补助支遣，岁入米粮共计23751石，而全年“官兵米粮”支出却达到36760石③，缺额13010石，粮缺额达54.8%。

洪州，“月支官兵粮米七千余石，岁支八万五千余石，除正苗米尽数起发上供外，本州所得耗米等支用，仅及其半”④。上供之余，洪州供官兵粮支用主要来自耗米等，缺粮额达到50%。

朱熹守南康军时言，“本军每年有租米四万六千石，以三万九千来上供，所余者止七千石，仅能赡得三月之粮，三月之外，便用别擘画措置”⑤。南康军粮食上供额达84.8%，不足率达300%。南康军遭遇旱灾，对于减放之米，朝廷却仍“令本军全于军用数内除豁，不得减上供数”⑥。则不足将更甚。

饶州，“岁入田租十二万，皆输大农，谓之上供。而官兵米，

---

① 徐松辑：《宋会要辑稿》食货64，第7760页

② 汪藻：《浮溪集》卷1，《抚州奏乞罢打造战船等事》，文渊阁《四库全书》本，上海古籍出版社2003年版，第1128册，第11页上栏。

③ 吕祖谦：《东莱集》卷3，《为张严州作乞免丁钱奏状》，文渊阁《四库全书》本，上海古籍出版社2003年版，第1150册，第25页下栏。

④ 《李纲全集》卷101，《条具防冬利害奏状》，第966页。

⑤ 《朱子全书·朱子语类》卷108，《论治道》，第3515页。

⑥ 《朱子全书·晦庵先生朱文公文集》卷26，《与陈帅画一札子》，第1159页。

月为七千石，皆取给其入之赢”[①]。饶州岁用官廪军粮全无着落。

绍兴年间，宜兴县“一县所入，不过一万五千余缗。其发纳之数，有大军钱、上供钱、籴本钱、打船钱、军器物料钱、天申节银绢钱之类，岁支不啻三万四千余缗。又有见任寄居官请受，过往官兵批券，与非泛州郡都索拖欠，略无虚日”[②]。

江西临江军，每年定额催管缴纳苗米62000石，起解淮东西总领所上供纲与湖广总领所马料亦管约62000石，本县的军用、县用，包括官吏寨兵、铺兵与宗室月俸、过往批支等费用月12000—13000石，又有起纲水脚靡费等钱每岁62000石米，[③] 则临江军一年所缺额超过100000石。

州县“财赋悉以上供，馈饷不足枝梧”[④]，即如是也。

与此同时，宋廷对在满足上供征调之余的地方财政问题，却随着国家征调的增多而显得越来越淡漠，对地方财政的控制也越来越松弛。

早在仁宗宝元二年（1039），朝廷就下谕：“诸路转运司，如用度缺，须管自擘支赡”，“不得更似日前，乞自京般请钱银之类，编行下者”，也就是说，中央对地方转运使财计的具体运作并不关心，如转运使财计不足，只能“自擘支赡”，自己想办法解决。因此，富弼才上言：“朝廷既行诫谕，运司不敢冒违，无计以供，惟民是取。”[⑤] 包伟民据此认为，这是宋代地方税制走向混乱的起端[⑥]，尤其是神宗、徽宗以后，中央越来越关注地方财赋的上供征调，而对地方财政具体运行越来越漠视，或者说不得不放松了对地方财政运行状况的监管。这一方面体现在从北宋到南宋，中央计司

---

① 《西山文集》卷45，《少保成国赵正惠公墓志铭》，文渊阁《四库全书》本，上海古籍出版社2003年版，第1174册，第713页。

② 李心传编撰：《建炎以来系年要录》卷171，绍兴二十六年二月甲戌，第3266页。

③ 黄榦：《勉斋集》卷29，《申临江军乞申朝省除豁纲欠》，文渊阁《四库全书》本，上海古籍出版社2003年版，第1168册，第58页上栏。

④ 李心传编撰：《建炎以来系年要录》，卷112，绍兴七年七月丁卯，第2097页。

⑤ 李焘：《续资治通鉴长编》卷124，宝元二年九月月末，第2929页。

⑥ 包伟民：《宋代地方财政史研究》，上海古籍出版社2000年版，第164—165页。

不了解诸路州军岁收岁支实数，[1] 另一方面也表现在中央对地方财务管理的各种制度得不到贯彻落实。

北宋时，陈次升言："熙宁以前，上供钱物无额外之求，州县无非法之敛"，中央与地方财政关系相对稳定。"自后献利之臣，不原此意，惟务刻削以为己功，若减一事一件，则据其所减色额，责令转运封桩上供。别有增置合用之物又令自办。上供名件，岁益加多；有司财用，日惟不足"，则地方财政"必至多方以取于民，非法之征，其来乃自乎是。"[2] 李纲则认为，这种变化来自徽宗朝，"自崇观以来，增上供之数，而一路州县，又有养兵、给官吏禄廪之费，用度百出，何自得之？于是常赋之外，加数以取于民"[3]。"加数以取于民"，就是以附加税形式增取于民。南宋时汪藻则据己实情抱怨："臣所领一州言之，岁得酒税钱不过六万缗，而月桩大军起纲、水脚、官吏军兵请给衣赐，打箭头铁叶等钱，岁当用四十余万缗，不知此钱从何出哉。"[4] 从何而出，自然就只能征取于民了。郑兴裔总结说，"自军兴以来，计司常患不给，凡郡邑皆以

---

① 北宋元丰以前，诸路州军每年要造计帐报呈三司，三司得以知天下岁入岁支总数。北宋对于财政收支情况的记录也往往包括"上供"和"天下总收"，如李焘《续资治通鉴长编》卷97"天禧五年岁末"条，载有至道末天下闵倩的岁支及上供数据（第2263页）；毕仲衍《中书备对》，有物帛上供之数，有天下岁收之数。北宋徽宗时，"诸路财用岁入多寡，与其登耗，官司无以周知"（徐松辑：《宋会要辑稿》食货56，第7301页）。南宋绍兴时，"天下财赋窠目，旧悉隶三司，今户部惟上供之目而已。问诸路所总窠名于户部，户部不能悉；问诸郡所总窠名于漕司，漕司不能悉。"（李心传编撰：《建炎以来系年要录》卷54，绍兴二年五月丙戌，第1118页）孝宗时，"户部所知之数，则上供而已。其留州、送使，无得而考焉。……朝廷不知取民之数，轻重无制"（徐松辑：《宋会要辑稿》食货56，第7315页）。理宗嘉熙时，"凡州郡之出纳，则不与知焉"（《宋史全文》卷33，嘉熙二年四月丁卯，第2731页）。另一个重要表现，在于北宋时修订的《会计录》一般都包括中央与地方所有财政收支，而南宋时的《会计录》仅为左藏库、诸仓场，并淮东西、湖广总领所支取钱物，以及两浙、福建、江东西、两淮、湖南北、京西、广东西十二路州军发诸色窠名钱，甚至不包括四川总领所钱粮，则各地州军经费出纳更无从知晓了。

② 李焘：《续资治通鉴长编》卷379，元祐元年六月辛卯，第9198页。

③ 《李纲全集》卷63，《乞减上供数留州县养兵禁加耗以宽民力札子》，第674页。

④ 汪藻：《浮溪集》卷1，《抚州奏乞罢打造战船等事》，文渊阁《四库全书》本，上海古籍出版社2003年版，第1128册，第11页上栏。

定额窠名予之，加赋增员，悉所不问，由是州县始困。”① “加赋增员，悉所不问”，意味着中央对地方财政管控已经完全松弛。

那么，在中央征调不止，地方财政开支扩大之际，如何解决地方财政不足问题？很显然，那就只有如上文所述“加数以取于民”一途了。朱熹对此也有明确陈述：

> 夫有田则有租，为日久矣。而今日民间特以税重为苦者，正缘二税之入，朝廷尽取以供军，而州县无复赢余也。夫二税之入尽以供军，则其物有常数，其时有常限，而又有贴纳水脚转输之费，州县皆不容有所宽缓而减免也。州县既无赢余以给官吏，养军兵，而朝廷发下离军归正等人又无纪极，支费日增，无所取办，则不免创于二税之外别做名色，巧取于民。②

二税为国家正税，每征取必有依据，民知其为上缴国家的常赋。但在二税之外的这些“别做名色，巧取于民”者，却未必有征税对象与依据。这些“巧做名色，巧取于民”者，即本章第一节所论述的各种附加税。

首先，附加税有直接附加，即以所征田赋为基数而加征者，加耗、斛面、大斗即为最直接的田赋附加税，据此可多征40%至数倍不等的额外收入。畸零费、头子钱、水脚钱、义仓米等也直接以纳税税粮、税钱或田亩为加征依据，征收不等的额外之入。其次，有间接附加，该类附加并不直接以田赋或税钱为附加对象，而是通过变更征收方式以达到增加赋税的目的，如折纳、支移是也，宋代官府常常借支移与折变上下其手，其增征幅度远大于直接附加，征收数额常翻倍或至数倍。最后，起初也以土地或家业钱等为依据，进行所谓的和买、和籴等类，继之则变成一种类似于直接课征的收入，如役钱也一并成为一种以田亩为计征依据的新型收入。这一类

① 郑兴裔：《郑忠肃奏议遗集》卷上，《请宽民力疏》，文渊阁《四库全书》本，上海古籍出版社2003年版，第1140册，第201页下栏。

② 《朱子全书·晦庵先生朱文公文集》卷11，《庚子应诏封事》，第582页。

附加，直接成为宋代国家后期不亚于田赋收入的新收入形式。上述诸类即为我们所讨论的各种以田赋或土地为征收对象和依据的额外附加。徽宗以后，尤其是南宋时期，“别做名色，巧取于民”，有很多已经不完全是田赋附加税，而是直接变成各种科敛了，如无额上供、经总制钱、月桩钱、预借等类既是，它们并无直接或者间接的征税附着依据，完全是一种赤裸裸的额外之征。

宋代以土地为征税基础和对象的税收制度，本身具有进步性与合理性。一个完备的税收制度，可以是多种税种的组合。毫无疑问，任何一种税种的征收，都必然由其征收对象、征收税率、计征方式等构成。而税率是否合适居中往往最为关键。从严格意义来说，一种完备的税收制度应该充分考虑各种附加的可能，正税之外不应再有额外附加。正税之外再有额外附加，本身即可视为一种非法擅敛。对此，宋廷的认识并无疑议。宋代立有“擅增岁赋法”，其规定，“在法，受纳应纳数外辄收羡余，或辄他用，及非法擅敛，并有断罪条法”①，应纳数外的征收即为非常擅敛，且有惩处条法。但事实上，由于国家财计困难，若不进行额外附加征敛，则国计难以维持。因此，一方面是宋廷对于非法擅敛有条文禁断，另一方面却为了满足国计所需，不得不进行一些可以容忍的额外征敛。如加耗，本为最常见的直接附加，宋廷最初默认了加耗率 1%—10% 为合理区间②，南宋初，为应对日益增大的财政需求，如临江军临江县秋苗收耗，就已“于造簿之际已行声载”③，却已被视为常赋了。朱熹知漳州时，说“诸邑惟漳浦最狼狈，诸事如鬻盐、子斗、折豆，皆非法”。但虽知其非法，却又“坐视半年，未有可下手处”④，就是因为不依赖于这些额外税敛，则地方行政都难以运行。

---

① 徐松辑：《宋会要辑稿》食货 10，第 6200 页。

② 《庆元条法事类》卷 47《赋役门 · 受纳税租》记载“诸受纳税租一斛加一升，荞草十束加一为耗”，粮食斛斗的加耗费率为 1%，而马料荞草的加税率则达到 10%（第 618 页）。若超出此附加税率，“辄于耗外令人户输纳者，杖八十，并许人告”（《庆元条法事类》卷 36，《库务门 · 受纳违法》，第 562 页）。

③ 徐松辑：《宋会要辑稿》食货 9，第 6177 页。

④ 《朱子全书 · 晦庵先生朱文公续集》卷 4 上，《答刘晦伯》，第 4723 页。

此外，又如折变、支移，主要通过改变征收方式而达到增收目的，这在宋初被认为是合法行为，被宋廷在各地广泛推行。而后来为人所诟病者并不是折科、折变，或者支移本身，而是地方官员为了获取多收，“反复折变”、有至“一折、二折、三折”，从而为宋廷所禁止，认为反复纽折之类才为法外科敛。又如和买、和籴、役钱之类，其最初推行完全是一种官民两利的举措，但最终却变为类似于新的税种，而其在向新税种转变过程又与国家财政需求扩大紧密相连，同时为寻求新税种的合理性，又与田土有着千丝万缕的联系，成为一种介于田赋附加与新税之间的变易形态。

北宋末至南宋，朝廷基本已经抛开附加税为非法征敛的外衣，不再过问各种税入来源是否合理，而只关心地方政府能否足额交纳税入，至于在满足税入过程中，地方如何行事，完全默然处之。因此，一方面固然是地方财政困窘，另一方面却又在中央不干预的状态下，地方政府制税权得以扩张，再加上吏治腐败等原因，以致各种有名无名赋税科敛，已经是公然而行了。

## 小　结

宋代确立并推进了田赋二税作为国家合理税制的演进，其进步意义极为明显。但由于原额主义存在，田赋征收数额并不是实际土地占有与征收税率关系的反映，而是一种在美化帝王德政的伦理关照下，对不同地区田赋税额征收的重新划分。在原额主义影响下，国家有统一的收税总额，然后再层层将此总额分摊于各地，各地又形成本地赋税征收的“原额”“祖额”。原额主义的兴起，本身在国家财政开支固定前提下，不失为一种利国便民之政。但宋代财政开支之浩大，远远不是“原额”田赋所能满足。因此，在国家正式的田赋制度之下，还存在一种非正式的税收制度，这就是依附于正税田赋的各种附加税形式。

本章我们系统考察了宋代各种附加税形式及其概况，指出附加税事实上构成宋代国家财政收入的一个非常重要的组成部分，同时也较细致地分析了宋代附加税出现的背景与原因。

由于宋代是第一个全面推行募兵制的古代国家，在面对周边地区巨大军事压力背景下，军费开支极为浩大，从而形成了一个与任何时期都不一样的新型国家财政结构。财政需求扩大和原额主义的财政管理思想形成剧烈冲突，对国家税收制度调整提出新的要求。宋代正处于从人头税向土地税转变过程的关键时期，虽然已经制定了相对充分的税收依据与标准，但很显然并未完全领会财税征收的真谛。作为田赋税收的有效弥补，该时段内宋廷政府加强了对工商税以及专卖禁榷的收入的征收管理，国家财政收入因此而有大幅增加。这对于满足国家财政需求无疑极为关键。从另一个方面来说，工商禁榷等收入的剧增，又限制了国家对田赋税制改革继续探索的动力，因此，田赋原额主义继续盛行。但改变仍然在继续。这种改变来自国家财政分配体制完全倒向中央财政需要，并且随着集权中央政府对地方财赋征调的持续增大而被不断放大。与此同时，中央对地方财政的管控却越来越松弛。而地方财政开支也在逐渐增大。在这种状况下，地方财政不可避免地陷入困境，而同时也意味着地方对财税有了更大的权力。在农业为主导经济的传统时代，任何新税制的探索都没有附加税得来便捷而有效。因此，不论是从满足中央上供征调的角度，还是满足地方州军财政开支的需要，附加税都成为一种最直接有效的获取收入途径。因此，宋代的田赋附加税才如此多样化又难以遏制。

总体而言，正是因为宋代财政开支总体需求增大，以及在中央不断加大对地方州军财赋征调的同时，地方财政支出也在日益扩大，而国家税制并未因此作出相应调整，因此，在正税收入有限且固定的前提下，地方州军就只能通过增收附加税的方式以满足不断扩大的财政需要。对于本属法外之敛的附加税征收，宋廷一度试图加以禁止，却迫于财政支出压力，最终只能默许。

# 第三章　宋代田赋负担问题

在本书的前两章中我们讨论了宋代田赋的两个重要方面，即作为国家正式税制的田赋管理与征收，以及非正式制度却又为国家所依赖的附加税问题。就如本书开篇所说，赋税本身是一个收入的分配问题，即财赋在国家与百姓之间依据不同原则与比例进行强制分配的一种行为及其相互关系的总和。但赋税又不仅仅是一个简单的分配关系问题，在财赋分配的后面往往隐藏着国家财政需要与国家的行为意志，纳税人对国家的认同与判定，以及对社会经济可能产生的影响。而这一切的根源都落脚于税制是否合理、公平与有效。

对于国家来说，赋税征收的有效性最为关键，因为它体现了百姓对国家的认可，同时又满足了国家行政支出的物质需要。对于纳税人和整个社会来说，税制的合理、公平显得更为重要，因为它象征着经济发展与社会秩序的稳定。这种国家与社会对税制要求的交汇点就是税负。即税负不能太高，也不至于过低，则国家与社会就都能处于一个相对均衡的节点之中，从而促进国家与社会的稳定向前。但这种均衡的税负点，不论对国家还是对社会来说，都很难达成一致，因为国家总希望征收更多的赋税，而纳税人为主体的“社会”却总希望税收越少越好。二者的这种矛盾与对立，最终决定了税负高低往往偏向于强势的一方。就算如此，另一方的耐受极限总是不断经受考验。因此，税负问题从来就是一个伴随赋税产生而始终存在的命题。

田赋（土地税）为宋代国家正税与主体税，是一种举国皆行的税种。但在宋人笔下，百姓（纳税人）田赋负担似乎极重，南宋初林勋就言“本朝二税之数，视唐增至七倍”①，朱熹说“古者刻剥之法，本朝皆备”②，蔡戡也说“赋敛烦重，可谓数倍于古矣”③，等等。在今人研究中，几乎所有学者都大声疾呼宋代田赋负担之重，世所罕见。④ 根据前文所述，若将各种附加税一并累积，则宋代百姓负担似乎还真不轻，这也从另一个层面揭露出对专制集权国家多方征敛的判断，但若还原到具体历史环境下，多方征敛真的就等于赋税负担沉重吗？这其实值得认真考量。首先就是对于赋税负担轻重的判定，究竟何者才为轻赋？如果从赋税征收本身就是一种固定性、无偿性征取的角度来说，任何赋税的征收都不是百姓纳税人之所愿，因为赋税征取都意味着百姓个人收益的减少。与此相类似，何谓重赋？重赋的极致是收尽百姓所有收入，百姓无税可缴，自然也就无法维持基本生存；其次是收尽满足百姓基本生存之后的所有收入，以致没有任何经济积累，整个社会经济只能处于一种低水平维持状态。在起征点到收取维持基本生存状态之余的任何位置，都可视为一个合理的赋税区间，而任何相近两个点之间的比较，都可视为不同的轻重概念。因此，对赋税轻重的界定并不是一成不变的。最后，几乎所有认为宋代田赋沉重的判定，都是一些定性的判断，缺乏具体量化的实证考究环节，也很难让人信服。这也有其实际原因，因为宋代缺乏让我们具体考量的一些数据记载。但是，我们终究还是要作出估量，就只能定性为“轻”或者“重”，“好”还是“坏”了。而这种判定其实对于宋代田赋研究的推进并无更大的价值。

但是，田赋负担终究是考量田赋税制的不可或缺部分，我们或许可以从一些其他指标的分析入手，揭示一些与宋代田赋相关的其

---

① 《宋史》卷173，《食货上一》，第4170页。

② 《朱子全书·朱子语类》卷110，《论兵》，第3550页。

③ 蔡戡：《定斋集》卷5，《论州县科扰之弊札子》，文渊阁《四库全书》本，上海古籍出版社2003年版，第1157册，第610页上栏。

④ 参见漆侠《宋代经济史》上册第一编第十至第十一章；汪圣铎《两宋财政史》（上册），中华书局1995年版，第188页；王曾瑜《宋朝的两税》，《文史》第14辑，中华书局1982年版。

他判断。

## 第一节 田赋负担的不平衡性

在对宋代田赋负担进行合理推论之前，我们必须先要对宋代田赋的基本状况与特征有所了解与揭示。宋代田赋征收的概况在前两章中我们已经作了基本阐释，也指出附加税作为一种非正式制度的收入来源，事实上已经成为不亚于正税田赋的新收入形式，是国家财政开支的一个重要组成部分。这是宋代田赋的一个典型特征。

宋代田赋的另一个非常重要的特征，就是田赋负担具有严重的不平衡性。这种不平衡性，既体现在不同地域间税负的不平衡，也体现在社会阶层间税负的不平衡。下面将简单对此两方面进行论述。

### 一 田赋区域负担的不平衡

自秦汉以后的历代中央政权，统治区域范围都极其广阔。宋之立国，承唐末五代而来，虽经太祖、太宗的奋力开拓，试图再造一个汉唐一统强国，但无奈此时非彼时也。随着唐代以来东亚各民族的普遍觉醒，周边各少数民族纷纷建立自己强有力的民族政权，开始活跃于东亚政治舞台，形成与唐宋中央政权角力的新型势力，其中最主要的就是突厥、回纥、吐蕃、南诏、党项、契丹、女真、蒙古等各政权。这种周边民族政权的同时兴起并立，在以往任何时代都不曾存在。而宋廷在同时面对周边各民族政权的竞争与军事压力之下，其疆域版图较之汉唐也大为缩减，北方仅到达今河北、山西、甘肃南部，西边到四川、贵州西部，南到今广西，东到大海。靖康之变后，宋室南渡，是为南宋。北方诸路中，开封府界、河东、河北、京东东路等俱失陷于金人之手，疆域较之北宋更为狭小。但就算疆域版图大幅缩水，南宋时宋廷所控制的区域仍然极为广大，南北、东西方向俱有数千里之广，包括今天秦岭、淮水以南的长江中下游、珠江中下游广大地区。

在如此广大区域范围内，不同区域间的田赋征收税率以及征收田赋税额差别都极大。宋代田赋税率统计见前统计表2“宋代部分地区田赋税率表”（第49页）。从表2可知，江南东路徽州歙县、绩溪、休宁、祁门、黟县等五县税率最高，上田每亩夏税钱为200文，秋税米2.86斗；中田夏税钱150文，秋税米2.31斗；下田夏税钱100文，秋税米1.73斗。相比较而言，两浙路绍兴府诸暨县、镇江府、平江府，福建路、荆湖北路等地的每亩税率夏税钱仅数文，秋税米不过数升。其他如宣州、临安府等地税率又略有提高，而远远低于徽州五县。以纳税高低互较，则徽州与苏州等地亩均纳税税率差异至数十近百倍。地区间税率之差异可见一斑。

以田赋征收税额来说，不同地区间的差异也非常明显。北宋时期京畿开封地区，自宋初以来，赋敛为重。“伏自太祖开基，因仍五代，建都汴水，是为东京。当时江浙、淮南、荆湖、交广、川峡四路并汾一隅，各擅土疆，不禀正朔。国家吊民伐罪二十余年，挽粟飞刍，畿内居首，但是降国，尽去烦苛，惟有王畿，旋增赋敛。”[①] 张方平也指出，“今所谓租税之法，更徭之制，而王畿最重。……故畿内之民，鲜有盈室者”[②]。

西北地区则是北宋的另一重赋地区。欧阳修指出，“四五十万之人坐而仰食，然关西之地物不加多，关东所有莫能运致，掊克细碎既以无益而罢之矣。至于鬻官入粟，下无应者，改法榷货，而商旅不行。是四五十万之人，惟取足于西人而已”[③]。王岩叟说：“国家之势以为重在三路，而三路常受天下之弊”[④]，也认为西北三路赋税负担沉重。

南宋时各地赋重民困也往往不一。朱熹指出，“浙中不如福建，

① 刘随：《上仁宗论体量畿内减放》，《宋朝诸臣奏议》卷104，第1113页。

② 《张方平集》卷14，《畿赋》，第179页。

③ 欧阳修：《欧阳修全集》卷45，《通进司上书》，李逸安点校，中华书局2001年版，第639页。

④ 李焘：《续资治通鉴长编》卷398，元祐二年四月己亥，第9716页。

浙西又不如浙东，江东又不如江西，越近都城处越不好”①。周必大也认为，两浙地区“赋税供亿，反重于它路”②。

四川地区在北宋时赋税尚轻，而进入南宋后，“蜀人由是重困”。南宋人周南认为，“国初尽变五代繁细之赋，至天禧而方宽，至熙宁而复增，及渡江以后，则四蜀之赋，增之数十倍”③。周必大记载较为详尽：“在熙丰时，总益、利、梓、夔四路税苗、茶盐之入，与夫场务正课之输，计以贯石匹两之属，通不过八百三十余万，而其费则止于七百四十余万，是一岁可得百万之赢矣。中兴以来，上供经总制之额，乃为钱六百九万四千，视异时全入之数，已不相远，则夫常赋杂征当不翅乎三倍，而其支费抑又多矣。凡供军之钱，留于蜀、下于武昌，盖二千万，而刍粮布帛不与焉。其他郡邑经常之费，水旱盗贼之备，犹未论也。然则民力其可不裕乎？”④

宋代赋税之所以各地税率、税额轻重不一，很大一个原因在于宋初确定的赋税原额。自两税法之行，在量出以制入的财政原则下，征收田赋数额开始呈现定额化趋势，是为田赋征收的“原额”。全国拥有一个赋税总额，再层层将此总额分于各地，各地又形成本地赋税征收的“原额”“祖额”。宋初一统后，很多地方的原额来自于五代残留，对于这些原额宋廷一一沿用。此即成为很多地方赋税税额偏重的主要原因。如徽州之重赋，乃是五代陶雅之多征所致。又如杭州新城县，一直延续到南宋都有“进际赋税”：

> 新城县田亩缘钱氏，以“进际”为名，虚增进际税额太重。每田十亩，虚增六亩，计每亩纳绢三尺四寸，米一斗五升二合；桑地十亩，虚增八亩，计每亩纳绢四尺八寸二分。此之

① 《朱子全书·朱子语类》卷111，《论民》，第3558页。

② 周必大：《文忠集》卷136，《乞优恤二浙》，文渊阁《四库全书》本，上海古籍出版社2003年版，第1148册，第519页下栏。

③ 周南：《山房集》卷7，《庚戌廷对策》，文渊阁《四库全书》本，上海古籍出版社2003年版，第1169册，第91页上栏。

④ 周必大：《文忠集》卷120，《试赴召胡晋臣》，文渊阁《四库全书》本，上海古籍出版社2003年版，第1148册，第334页下栏—第335页上栏。

> 谓正税。其它又有和买䌷绢，每田一亩，计二尺四寸，陆地一亩，计三尺六寸。又有折科小麦、夏秋两科［料］役钱，总计一亩纳税两千。[①]

此虚增亩数，致使新城一地赋税远超其他地区，长期未能改正，直到乾道三年（1167）才予以减放一半。[②] 明显都是受到原额主义影响所致。

另外，则与国家军政开支有很大关联。不论是在北宋还是南宋，京畿地区都是赋税负担最重地区之一。这自然与京畿地区有大量的官员与军队驻扎，虽有外地州军上供钱物供养，但本地的赋税负担相对来说也极为沉重。此外，由于应对周边民族政权的军事进攻压力，军队驻扎最多的战争前线往往也是赋税重敛之地。如北宋时期的陕西、河北三路，南宋时期的四川地区，因面对辽、西夏和金的军事威胁，常年均有大量军队驻屯，无疑加重了该区域内赋税负担。

## 二　田赋阶层负担的不平衡

自唐两税法改革，确立了以资产为主要征税依据，“惟以资产为宗，不以丁身为本，资产少者则其税少，资产多者则其税多”[③]，也成为宋代田赋征收的一条基本原则。关于这一点，苏轼的阐述更加清晰：

> 自两税之兴，因地之广狭瘠腴而制赋，因赋之多少而制役，其初盖甚均也。责之厚赋，则其财足以供；责之重役，则其力足以堪。何者？其轻重厚薄，一出于地，而不可易也。户无常赋，视地以为赋；人无常役，视赋以为役。是故贫者鬻田

① 徐松辑：《宋会要辑稿》食货10，第6205页。

② 同上。

③ 《陆贽集》卷22，《均节赋税恤百姓六条·其一论两税之弊须有厘革》，第722页。

则赋轻，而富者加地则役重。此所以度民力之所胜，亦所以破兼并之门，而塞侥幸之源也。①

苏轼的这一番话道出了宋代田赋征收的依据就是田土，田土多则税（役）重，田土少者则税（役）轻，符合财产税的征收原则。在这种征收原则下，不论土地占有者发生怎样的变化，国家赋税并不会因此而改变。

对于一般土地占有经营者，只需遵循国家征税要求按时输纳即可。此外，宋代普遍存在的大土地占有，一般情况下对土地的经营都是租佃模式。在这种租佃关系下，由于佃耕者（客户）并不占有土地，也就不用向国家完纳赋税，只需向土地所有者（田主、主户）缴纳田租即可。而田主则从佃户缴纳的田租中，抽取一部分向国家缴纳土地税。宋人形容这样的赋税输纳流程为“农夫输于巨室，巨室输于州县，州县输于朝廷”②。这种模式，既反映了国家、田主与佃户三者的相互关联，又是田赋税制合理、公平性的正常体现。

但在宋代历史中，在国家正式制度规定之下，人为因素导致的非制度性变异非常明显。如所周知，作为一名理性的经济人，逃避国家赋税是其正常的利益选择。宋代田赋税制规定，“有田则有赋”，“有身则有役”，并且“资产少者则其税少，资产多者则其税多”，这对那些富户巨室而言，往往意味着要将其收入的相当一部分拱手让出。为此，“岁月既久，则小民稍稍为奸，度官吏耳目之所不及，则虽有法禁公行而不忌”③，他们纷纷以各种手段逃避国家赋役征派，从而将逃避赋役转嫁于平民下户，造成赋税阶层间的

① 《苏轼文集校注》卷8，《策·策别安万民四》，张志烈、马德富、周裕锴主编《苏轼全集校注》第10册，河北人民出版社2010年版，第848页。

② 王柏：《鲁斋集》卷7，《赈济利害书》，《丛书集成初编》本，商务印书馆1936年版，第129页。

③ 《苏轼文集校注》卷8，《策·策别安万民四》，《苏轼全集校注》第10册，第848页。

极度不均。

富家巨室逃避赋役的手段百出。他们或隐匿诡寄田产，或与胥吏为奸，转嫁税负，更严重者甚至直接恃强抗税。前文引苏轼所言，其后续所论，即为富家巨室逃避赋役诸法及其弊端：

> 今夫一户之赋，官知其为赋之多少，而不知其为地之几何也。如此，则增损出入，惟其意之所为。官吏虽明，法禁虽严，而其势无由以止绝。且其为奸，常起于贸易之际。夫鬻田者，必穷迫之人，而所从鬻者，必富厚有余之家。富者恃其有余而邀之，贫者迫于饥寒，而欲其速售。是故多取其地，而少入其赋。有田者，方其贫困之中，苟可以缓一时之急，则不暇计其他日之利害。故富者地日以益，而赋不加多；贫者地日以削，而赋不加少。又其奸民欲以计免于赋役者，割数亩之地，加之以数倍之赋，而收其少半之直，或者亦贪其直之微而取焉。是以数十年来，天下之赋，大抵淆乱，有兼并之族而赋甚轻，有贫弱之家而不免于重役，以至于破败流移而不知其所往，其赋存而其人亡者，天下皆是也。①

富家巨室逃避赋役，往往从隐匿田产开始。一般田产之转卖，赋税即随田产而转移。但在现实土地买卖转移中，却并非完全如此，往往存在土地已转卖而赋税并留，或以小额田土却附着巨额赋税之转卖。这种产去税存之弊，宋代之后历朝有之。官府据此所立税随产区的法令，往往成为虚置。由此导致的税产转移，田赋不均，随处有之。治平年间修《治平会计录》，天下垦田之数反少于天禧时，编修者以为“此特计其租赋以知顷亩之数，而赋租所不加者十居其七”②。南宋绍兴十年（1140），户部上言：“国家平昔漕发江、淮、荆、浙六路之粟六百二十余万，和籴之数，又在其外。而近岁上供

① 《苏轼文集校注》卷8，《策·策别安万民四》，《苏轼全集校注》第10册，第849页。

② 《文献通考》卷4，《田赋考四》，第98页。

之数，才二百八十万，除淮南、湖北凋残最甚，蠲放之外，两浙号为膏腴沃衍，粒米充羡，初无不耕之土，而较之旧额，亦亏五十万石。”究其原因，认为“此盖税籍欺隐，豪强巨室，诡名挟户，多端以害之也”[①]。又以局部地区个案来说，如华亭县，“浙右壮邑，岁入苗号逾十万石，实六万七千有奇，而县官岁督，才三万八千止。盖自绍兴经界，迄今百年，官无版籍，吏缘为奸，隐匿诡寄，弊悻非一”[②]。富户的诡名挟户，诡寄田产，造成“富者地日以益而赋不加多，贫者地日以削而赋不加少”，赋税负担的阶层不平衡性就愈加凸显了。

不论富户巨室如何诡寄田产，逃避赋役，显然都离不开与州县官员胥吏的通同舞弊，将自己的税额转嫁于他人。这种舞弊行为，从田土核实到税籍颁布，再到征收过程，其可见其斑迹。秋苗入纳，州县例增斛斗、加耗等，往往“吏胥之家与官户有势者”，得以“斛输斛，斗输斗，若众民户，则率二斛而输一斛，又或不啻”[③]。绍兴二十四年（1154），大理评事巩衍上言：“州县受纳米斛，必有土居及寄居官员士人，并上司公吏，封钞请求。每石坐享钱数百，或至一贯以上，受纳官为之减退升合，不择湿恶，却于其余人户名下多增斗面，以偿其数。”[④] 甚至一些富家巨室直接抗税不缴。如“夏、秋二税输官之物皆上供合起之数，谓之常赋。今有形势、食禄之家，积年不纳，专候郊恩，觊望除放，遂致上供愆期，支用窘阙”[⑤]。“今势家巨室，以不输王赋为能，相习成风，而有司惟困弱小户是征。”[⑥] “富民之无赖者，不肯输纳，有司均其数

---

① 李心传编撰：《建炎以来系年要录》卷149，绍兴十年六月戊子，第2814页。

② 袁甫：《蒙斋集》卷14，《华亭县修复经界记》，《丛书集成初编》本，商务印书馆1935年版，第201页。

③ 陆九渊：《陆九渊集》卷8，《与张春卿》，第105页。

④ 李心传编撰：《建炎以来系年要录》卷166，绍兴二十四年二月己酉，第3151页。

⑤ 徐松辑：《宋会要辑稿》食货10，第6208页。

⑥ 王柏：《鲁斋集》卷4，《送曹西滁序》，《丛书集成初编》本，商务印书馆1936年版，第73页。

于租户，胥吏喜于舍强就弱，而攘肌及骨。”① 这样的结果，都是豪强将本分应纳之赋税分摊于平民下户，从而加剧了宋代的赋税不均。

宋代多次进行的田土调查与丈量工作，其核心就是解决赋税不均。这从确定田赋税制的合法、合理、公正等角度而言，都是必不可少的工作。但从推行方田、经界等丈量工作开始，就已经不可避免地遭受各种法外因素的干扰、侵蚀。这里面有官吏请托、有富家贿赂，有胥吏舞弊，有豪猾推诿，手段多样，不一而足。因此，很多学者都在质疑方田与经界的实际效果。② 这种质疑有其合理性，如此繁复的丈量土地工作在古代有限技术条件水平下，短时间内骤然完成，确实效率超乎想象。另一个更重要的因素则在于，经历方田、经界之后，田赋负担在阶层间的不均似乎并未得到根除，或者虽一时有所更改，却不能保无于其后。而隐匿诡寄等行为，都与地方官户豪强勾结胥吏、攒改版籍息息相关，由此造成的种种弊端，绝“非下户所为”③，所能为。

也就是说，尽管宋代确立了以田赋为主的国家合法税制，但制度之外的各种因素混杂干扰，往往造成一种脱离于制度规定之外赋税实景。这种实景在赋税负担的反映，就是赋税负担并没有依循税制原则，“资产少者则其税少，资产多者则其税多”，反而田多者未必赋重，田少者反而税多的非正常现象。这也是宋代赋税的另一个重要特征。

## 第二节　宋代田赋负担分析

如上所述，宋代田赋具有附加税增多，区域税负不平衡，阶层税负不平衡等特征。但由于缺乏具体关于赋税轻重之比较认识，以及定

---

① 《宋史全文》卷 26 上，淳熙四年十二月甲戌，第 2199—2200 页。

② 如何炳棣、黄仁宇、赵冈等皆是。

③ 王之望：《汉滨集》卷 5，《论潼川路措置经界奏议》，文渊阁《四库全书》本，上海古籍出版社 2003 年版，第 1139 册，第 725 页上栏。

量实证分析，我们尚不能轻易断定宋代赋税负担之沉重。就是认可宋代赋税有地域间、阶层间的不平衡，有畸轻畸重之别，似乎也很难据此得出一种全局性的、关于宋代赋税负担沉重的整体认识。但恰巧是这个问题，在学术界似乎是一个不容置疑的公论。我们可以看到，不论是刘道元、赵雅书，还是漆侠、王曾瑜、汪圣铎、葛金芳，这些学者无一例外地认为宋代赋税负担之沉重，极为罕见。

下面，我们尽可能对宋代田赋进行一些数量统计分析，进而对宋代赋税负担与宋代经济与社会的关系进行一些有益探讨与揭示，以有助于对宋代田赋的整体认识。

尽管史籍中留下了一些关于宋代田赋的统计数字，但因为记载零星而散乱，缺乏系统性，因此很难以此判断田赋的具体负担。但仔细考究，也会发现一些有价值的数据，对我们认识田赋负担提供有力参考。

如前文所述，徽州休宁等五县田赋，为宋代所周知田赋最高之地，对其进行定量考查，将有助于我们对宋代整体田亩负担的认识。

五县赋税税率见表1“宋代徽州田赋税率”。据《新安志》所载，徽州歙、休宁、祁门、绩溪、黟五县上田“亩产米二石，田主之收十六七，夏秋之税度用钱二千八百，自余中田、下田以此率之，此其大凡也”①。据表1资料统计，上田共计缴纳见钱291文（其中279文已折为实物），米2.86斗，和用钱2800文，则斗米折钱为877文计。其中税钱200文、杂钱供79文均折为实物，再加夏税小麦0.12斗，则和纳米麦共2.98斗。以亩收2石计，则和纳米麦占总收成的14.9%。也就是说，徽州五县虽然亩纳税率最高，以上田为例，所缴纳的米麦不过只占粮食收成的14.9%。其他中田、下田，也与此相类似。则徽州税率亩均15%左右。也就是说，所谓田赋负担最重之徽州，其田赋税率似乎并没有想象中那么高。

---

① 罗愿：《新安志》卷2，《叙贡赋·税则》，《宋元珍稀地方志丛刊·甲编》，李勇先校点，四川大学出版社2007年版，第47页。

又以平江府为例，北宋时苏州“中稔之利，每亩得米二石至三石”①，而常熟县，夏税中等亩纳4.4文，秋税米8升。苏州元祐年间米价每斗95文足②，则常熟县缴纳夏秋二税共计80.4文，而亩均收成按2.5石计，则亩均税率为3.39%。若以此而言，相较于徽州而言，则苏州税率不足4%，可谓极低了。

对于另外一些区域，参见表2“宋代部分地区田赋税率”，如湖北、潼川等路，粮食亩产为一石左右，其亩均二税纳税折算，亦仅在7%左右。

从上可知，若单纯从亩均纳税角度来说，徽州五县为其余地区二税数十倍不止。但如果结合当地粮食价格与亩均产量折算，则宋代田赋税率最高者如徽州五县，亩均税率不过15%，低者如苏州，亩均税率为4%，则二者相差亦数倍。徽州与苏州之税负可作为宋代田赋税负判断的重要参考依据。倘若以此而言，则张方平所称“大率中田亩收一石，输官一斗”③，或者“亩税一斗者，天下之通法”④ 的说法，虽极不严谨，却也算取其中数不过略为偏高罢了。而什一之税的税率，不论在何时代，似乎也并不为高。当然，如果考虑到田土具体经营者和所有者并非一体，在租佃经营下，徽州“田主之收十六七”，若以60%归田主，则上田田主收益为1.2石，则田主每亩的税负率为24.8%，似乎并不算太低。但事实上，宋代田租通常是五五分成居多，也就是田主与佃户各取一半之收益，若如此算，则田主的负担率当在30%左右。以此税率而言，则不难理解为何宋代豪富巨室逃避赋役要远甚于其他平民小农了。

当然，田赋不等于所有附税，田赋的低税率似乎不能说明宋代赋税整体的低负担。下面我们再考察连州田赋以及其他赋税负担。

---

① 范仲淹：《上仁宗答手诏条陈十事》，《宋朝诸臣奏议》卷147，《总议门》，第1672页。

② 李焘：《续资治通鉴长编》卷451，元祐五年九月戊寅，第10834页。

③ 《张方平集》卷14，《刍荛论·税赋》，中州古籍出版社1992年版，第178页。

④ 沈括：《梦溪笔谈》卷9，《人事一》，胡静宜整理，《全宋笔记》第二编，大象出版社2006年版，第78页。

据《永乐大典》卷11907“广州府”所引《湞川志》所载，连州赋税包括正赋税布和税米，以及其他役钱、丁米、上供银钱等数类。下面据此绘制成表7。

表7　　连州负郭县上之上等民田赋税收（每亩）

<table>
<tr><th>种类</th><th>税则</th><th>折钱</th><th>增税</th><th>合计</th><th>备注</th></tr>
<tr><td>税布</td><td>6尺</td><td>240文足</td><td>头子、勘合、畸零、索陌等共248文</td><td>488文</td><td>每布一匹折钱400文足</td></tr>
<tr><td rowspan="2">税米</td><td>4斗</td><td></td><td>耗米、义仓、加耗、斛面等2斗</td><td>6斗</td><td></td></tr>
<tr><td></td><td></td><td>头子、勘合、畸零、索陌等73文足</td><td>73文足</td><td></td></tr>
<tr><td>役钱</td><td>140文足</td><td></td><td></td><td>140文足</td><td></td></tr>
<tr><td>丁米</td><td>一、二、三等4斗</td><td>1200文省<br>（924文足）</td><td></td><td>924文足</td><td></td></tr>
<tr><td>上供银钱</td><td>400文足</td><td></td><td></td><td>400文足</td><td></td></tr>
<tr><td>共计钱米</td><td colspan="5">2贯25文足<br>6斗</td></tr>
</table>

从表7可知，连州上之上等田赋正税负担并不重，仅缴纳税布6尺（折钱240文足），税米4斗。再加上以田赋直接附加税如加耗、斛面、义仓、头子、勘合钱等若干类，则田赋及其附加税总数为561文，米6斗。则田赋直接附加税税米增幅为50%，税钱增幅为133.75%。统而计之，附加税增收税率为91.87%，尚未翻倍。再加役钱、上供银钱、丁米，又增钱1464文，则较原额税钱增幅达510%。如果我们取宋代田赋正税亩均税率为收成的10%计，则

连州一地的赋税负担达到收成的50%左右。事实上，绝大多数田赋税率远远没有徽州之高，未必不会低于苏州，若取二者中数，亩均税率大约为7%，则连州一地所有赋税负担占收成之比不过为35%左右。

也就是说，连州虽将役钱、丁米、上供银钱等税赋一并摊征于田亩之中，而每亩田税负担也就在35%左右。虽然此增幅较之田赋正税税率要高得多，却并非完全不能承受之税赋。因此，我们并不能从此得出每亩田赋沉重到不能承受的结论。

当然，上述统计都是一些孤证，又兼在广大区域范围内存在的税负不平衡状况，我们也不能就此武断得出宋代赋税负担不重的结论。而据孔泾源的研究显示，宋代百姓田亩平均税率为5.4%，也是远远低于我们一般对宋代田赋负担沉重的认识。① 此外，有一些重要的逻辑推演必须要加以注意，这些推演可以为我们探讨宋代田赋“沉重负担”认识提供一些有益思考。

第一个值得我们思考的逻辑推演问题是，宋代赋税负担如果真的沉重到百姓完全处于水深火热之中，不堪忍受的话，那为什么没有激起百姓揭竿而起的反对？或者如所周知的，宋代为什么没有爆发大规模的农民起义？第二个问题推演则是，如果百姓赋税负担真沉重到无以复加的地步，自身维持生存都极端困难，作为历史创造的主体，他们是如何促进社会经济进一步向前发展的？因为与此相关的另一个为众所周知的事实，宋代社会经济高度发达，城市经济活跃，社会文化异常繁荣，那么，如何解释这些看似矛盾的事实？

很显然，如果宋代赋税负担真的沉重不可复加，对这些问题都是没法解释的。

如果我们换一个思路，同时结合笔者在本书前部分所作的分析可知，宋代田赋负担或许并没有人们所想象的那么严重，宋代田赋或者赋税负担其实谈不上沉重，那么这些悖论的认识矛盾也就迎刃

---

① 孔泾源：《关于宋代田赋与百姓负担问题》，《中南民族学院学报》（哲学社会科学版）1984年第3期。

而解了。

## 小　结

本章我们讨论了宋代田赋负担问题。笔者认为，宋代田赋本身具有各区域负担不平衡、社会阶层负担不平衡等特点。另外，通过笔者对宋代田赋进行的计量分析与考察，认为：尽管存在各种附加税问题，但宋代田赋负担的总体水平仍然不高。

在此需要略作申论。由于宋代田赋存在阶层负担不平衡性，田土多者未必税多，田土少者未必税少，这种情况一直在史籍中屡有记载。正是由于这一现象在宋代（事实上在中华帝制的绝大多数时期）被普遍记载，因此很多学者或者政论家才据此认为田赋负担沉重不堪，进一步提出百姓处于水深火热之中的论断。笔者认为，这其实反映了人们对田赋赋税征收强制性与无偿性的认识，也反映了人们对田赋不均，也就是税收制度法理上的合理性与现实世界中的税收不公的矛盾对立认识，并进一步将之放大，以此来指责统治阶级（事实上是强权势力）对法理公平的践踏，和表达对弱势群体的同情。

固然，由于阶层性负担不平衡，也就是税负公平性原则受到侵害，这在宋代确实存在。另外，我们必须要加以注意，田赋的阶层性负担不平衡，虽然侵蚀着税制的合理性与公平性，由此造成一些贫下小农田赋的沉重不堪。但很显然，部分小农的贫困不堪，并不能取代整个国家田赋负担的相对合理性。就如上文我们所分析的那样，在宋代，百姓田赋的平均负担并没有沉重到让普通百姓全部不堪重负的境地。也就是说，由于官府苛责以及税负转嫁等原因，部分百姓可能确实存在负担沉重，从而反映出田赋不均的现实，但百姓的整体税负仍然是相对合理的。而税制合理与税负的相对公平合理，也才是宋代国家政权得以持续维持运行的重要前提。这同时也是田赋作为国家基本税收制度和财政来源，在宋代以后的帝制国家中，得以持续推行的重要原因。

# 参考文献

## 一 古籍


刘昫等：《旧唐书》，中华书局 1975 年版。

欧阳修、宋祁：《新唐书》，中华书局 1975 年版。

欧阳修：《新五代史》，中华书局 1975 年版。

薛居正：《旧五代史》，中华书局 1976 年版。

李焘：《续资治通鉴长编》，上海师范大学古籍整理研究所、华东师范大学古籍整理研究所点校，中华书局 1992 年版。

脱脱等：《宋史》，中华书局 1985 年版。

李心传编撰：《建炎以来系年要录》，胡坤点校，中华书局 2013 年版。

陈均编：《皇朝编年纲目备要》，许沛藻、金圆、顾吉辰、孙菊园点校，中华书局 2006 年版。

佚名：《宋季三朝政要笺证》，王瑞来笺证，中华书局 2010 年版。

熊克：《中兴小纪》，顾吉辰点校，福建人民出版社 1985 年版。

司马光：《涑水记闻》，邓广铭、张希清点校，中华书局 1989 年版。

李林甫等：《唐六典》，陈仲夫点校，中华书局 1992 年版。

杜佑：《通典》，王文锦、王永兴、刘俊文、徐庭云、谢方等点校，中华书局 1988 年版。

王溥：《唐会要》，上海古籍出版社 2014 年版。

马端临：《文献通考》，上海师范大学古籍整理研究所、华东师范大学古籍整理研究所点校，中华书局 2011 年版。

徐松辑：《宋会要辑稿》，刘琳、刁忠明、舒大刚、尹波等校点，上海古籍出版社 2014 年版。
李心传：《建炎以来朝野杂记》，徐规点校，中华书局 2000 年版。
戴建国点校：《庆元条法事类》，《中国珍稀法律典籍续编》（第一册），黑龙江人民出版社 2002 年版。
中国社会科学院历史研究所、宋辽金元史研究室点校：《名公书判清明集》，中华书局 1987 年版。
《全宋文》，上海辞书出版社、安徽教育出版社 2006 年版。
赵汝愚：《宋朝诸臣奏议》，上海古籍出版社 1999 年版。
杨士奇等：《历代名臣奏议》，上海古籍出版社 2003 年版。
林駉：《古今源流至论》续集，文渊阁《四库全书》本，上海古籍出版社 2003 年版。
吕祖谦：《历代制度详说》，文渊阁《四库全书》本，上海古籍出版社 2003 年版。
吴曾：《能改斋漫录》，文渊阁《四库全书》本，上海古籍出版社 2003 年版。
章如愚：《群书考索》别集，文渊阁《四库全书》本，上海古籍出版社 2003 年版。
章如愚：《群书考索》后集，文渊阁《四库全书》本，上海古籍出版社 2003 年版。
洪迈：《容斋随笔》，孔凡礼整理，《全宋笔记》第五编，大象出版社 2012 年版。
胡太初：《昼帘绪论》，文渊阁《四库全书》本，上海古籍出版社 2003 年版。
沈括：《梦溪笔谈》，胡静宜整理，《全宋笔记》第二编，大象出版社 2006 年版。
李元弼：《作邑自箴》，《四部丛刊续编》本，商务印书馆 1935 年版。
陈襄：《州县提纲》，《丛书集成初编》本，商务印书馆 1935 年版。
董煟：《救荒活民书》，中华书局 1985 年版。

赵翼：《廿二史札记校证》，王树民校证，中华书局1984年版。
吴潜：《许国公奏议》，《续修四库全书》本，上海古籍出版社2002年版。
周应合：《景定建康志》，《宋元方志丛刊》，中华书局1990年版。
孙应时等：《琴川志》，《宋元方志丛刊》，中华书局1990年版。
方万里、罗濬撰：《宝庆四明志》，《宋元方志丛刊》，中华书局1990年版。
罗愿：《新安志》，李勇先校点，《宋元珍稀地方志丛刊·甲编》，四川大学出版社2007年版。
欧阳修：《欧阳修全集》，李逸安点校，中华书局2001年版。
王之望：《汉滨集》，文渊阁《四库全书》本，上海古籍出版社2003年版。
朱熹：《朱子全书》，朱杰人、严佐之、刘永翔主编，刘永翔、朱幼文校点，上海古籍出版社、安徽教育出版社2002年版。
陆贽：《陆贽集》，王素点校，中华书局2006年版。
张方平：《张方平集》，郑涵点校，中州古籍出版社1992年版。
李纲：《李纲全集》，王瑞明点校，岳麓书社2004年版。
黄榦：《勉斋集》，文渊阁《四库全书》本，上海古籍出版社2003年版。
徐鹿卿：《清正存稿》，文渊阁《四库全书》本，上海古籍出版社2003年版。
曹彦约：《昌谷集》，文渊阁《四库全书》本，上海古籍出版社2003年版。
俞文豹：《吹剑录外集》，文渊阁《四库全书》本，上海古籍出版社2003年版。
陆九渊：《陆九渊集》，钟哲点校，中华书局1980年版。
叶适：《叶适集》，刘公纯、王孝鱼、李哲夫点校，中华书局2010年版。
真德秀：《西山文集》，文渊阁《四库全书》本，上海古籍出版社2003年版。

汪应辰：《文定集》，文渊阁《四库全书》本，上海古籍出版社2003年版。
王炎：《双溪类稿》，文渊阁《四库全书》本，上海古籍出版社2003年版。
袁说友：《东塘集》，文渊阁《四库全书》本，上海古籍出版社2003年版。
包拯：《包拯集校注》，杨国宜校注，黄山书社1999年版。
胡寅：《斐然集》，文渊阁《四库全书》本，上海古籍出版社2003年版。
方中续辑：《蛟峰文集》，文渊阁《四库全书》本，上海古籍出版社2003年版。
刘克庄：《后村集》，文渊阁《四库全书》本，上海古籍出版社2003年版。
蔡戡：《定斋集》，文渊阁《四库全书》本，上海古籍出版社2003年版。
薛季宣：《浪语集》，文渊阁《四库全书》本，上海古籍出版社2003年版。
杨万里：《诚斋集》，文渊阁《四库全书》本，上海古籍出版社2003年版。
杜范：《清献集》，文渊阁《四库全书》本，上海古籍出版社2003年版。
曾巩：《隆平集校证》，王瑞来校证，中华书局2012年版。
杨时：《龟山集》，文渊阁《四库全书》本，上海古籍出版社2003年版。
吕陶：《净德集》，文渊阁《四库全书》本，上海古籍出版社2003年版。
方勺：《泊宅编》，许沛藻、燕永成整理，《全宋笔记》第二编，大象出版社2006年版。
赵善括：《应斋杂著》，文渊阁《四库全书》本，上海古籍出版社2003年版。

陈傅良：《陈傅良先生文集》，周梦江点校，浙江大学出版社1999年版。
廖行之：《省斋集》，文渊阁《四库全书》本，上海古籍出版社2003年版。
高斯得：《耻堂存稿》，文渊阁《四库全书》本，上海古籍出版社2003年版。
蔡襄：《端明集》，文渊阁《四库全书》本，上海古籍出版社2003年版。
黄震：《黄震全集》，何忠礼点校，浙江大学出版社2013年版。
苏辙：《栾城集》，曾枣庄、马德富校点，上海古籍出版社1987年版。
李纲：《李纲全集》，王瑞明点校，岳麓书社2004年版。
彭龟年：《止堂集》，文渊阁《四库全书》本，上海古籍出版社2003年版。
晁公遡：《嵩山集》，文渊阁《四库全书》本，上海古籍出版社2003年版。
薛季宣：《浪语集》，文渊阁《四库全书》本，上海古籍出版社2003年版。
郑兴裔：《郑忠肃奏议遗集》，文渊阁《四库全书》本，上海古籍出版社2003年版。
罗愿：《罗鄂州小集》，文渊阁《四库全书》本，上海古籍出版社2003年版。
汪藻：《浮溪集》，文渊阁《四库全书》本，上海古籍出版社2003年版。
吕祖谦：《东莱集》，文渊阁《四库全书》本，上海古籍出版社2003年版。
周必大：《文忠集》，文渊阁《四库全书》本，上海古籍出版社2003年版。
周南：《山房集》，文渊阁《四库全书》本，上海古籍出版社2003年版。

张志烈、马德富、周裕锴主编：《苏轼全集校注》，河北人民出版社 2010 年版。
袁甫：《蒙斋集》，《丛书集成初编》本，商务印书馆 1935 年版。
顾宏义、严佐之、严文儒校点：《顾炎武全集》，上海古籍出版社 2012 年版。

## 二 今人著作

### （一）著作、论文集、统计资料等

刘道元：《两宋田赋制度》，新生命书局 1933 年版。
李剑农：《宋元明经济史稿》，生活·读书·新知三联书店 1959 年版。
赵雅书：《宋代田赋制度与田赋收入状况》，台湾大学文学院 1969 年版。
胡如雷：《中国封建社会形态研究》，生活·读书·新知三联书店 1979 年版。
梁方仲：《中国历代户口、田地、田赋统计》，上海人民出版社 1980 年版。
戴裔煊：《宋代钞盐制度研究》，中华书局 1981 年版。
邓广铭等主编：《宋史研究论文集》，上海古籍出版社 1982 年版。
朱瑞熙：《宋代社会研究》，中州书画社 1983 年版。
聂崇岐：《宋史丛考》（上、下），中华书局 1980 年版。
漆侠：《宋代经济史》，上海人民出版社 1986 年、1987 年版。
李埏：《中国封建经济史论集》，云南教育出版社 1987 年版。
王曾瑜等编：《中国古代社会经济史诸问题》，福建人民出版社 1989 年版。
武建国主编：《中国经济史研究》，云南人民出版社 1990 年版。
李剑农：《中国古代经济史稿》，武汉大学出版社 1990 年版。
郭正忠：《宋代盐业经济史研究》，人民出版社 1990 年版。
中华人民共和国财政部、《中国农民负担史》编制委员会编著：

《中国农民负担史》，中国财政经济出版社1991年版。
武建国：《均田制研究》，云南人民出版社1992年版。
于光远主编：《经济大辞典》，上海辞书出版社1992年版。
吴晓亮主编：《宋代经济史研究》，云南大学出版社1994年版。
汪圣铎：《两宋财政史》，中华书局1995年版。
李华瑞：《宋代酒的生产与征榷》，河北大学出版社1995年版。
李埏、武建国主编：《中国古代土地国有制史》，云南人民出版社1997年版。
葛金芳：《土地赋役志》，上海人民出版社1998年版。
梁太济：《两宋阶级关系的若干问题》，河北大学出版社1998年版。
陈共编著：《财政学》，中国人民大学出版社1998年版。
郑学檬主编：《中国赋役制度史》，上海人民出版社2000年版。
包伟民：《宋代地方财政史研究》，上海古籍出版社2000年初版；中国人民大学出版社2011年再版。
邢铁：《家产继承史论》，云南大学出版社2000年初版，2012年修订。
中国历史大辞典编纂委员会编：《中国历史大辞典》，上海辞书出版社2000年版。
黄仁宇：《十六世纪明代中国之财政与税收》，生活·读书·新知三联书店2001年版。
李埏：《不自小斋文存》，云南人民出版社2001年版。
王棣：《宋代经济史稿》，长春出版社2001年版。
孙洪升：《唐宋茶业经济》，社会科学文献出版社2001年版。
邢铁：《户等制度史纲》，云南大学出版社2002年版。
黄纯艳：《宋代茶法研究》，云南大学出版社2002年版。
李伯重：《理论、方法、发展、趋势：中国经济史研究新探》，清华大学出版社2002年初版；浙江大学出版社2013年修订版。
杨宇勋：《取民与养民——南宋的财政收支与官民互动》，台湾师范大学历史研究所2003年版。
秦晖：《农民中国：历史反思与现实选择》，河南人民出版社2003

年版。
姜锡东主编：《宋史研究论丛》（第五辑），河北大学出版社 2003 年版。
林文勋、谷更有：《唐宋乡村社会力量与基层控制》，云南大学出版社 2005 年版。
邢铁：《宋代家庭研究》，上海人民出版社 2005 年版。
［英］威廉·配第：《赋税论》，邱霞、袁磊译，华夏出版社 2006 年版。
王曾瑜：《锱铢编》，河北大学出版社 2006 年版。
李华瑞：《建国以来的宋史研究》，天津古籍出版社 2006 年版。
谷更有：《唐宋国家与乡村社会》，中国社会科学出版社 2006 年版。
朱瑞熙、程郁：《宋史研究》，福建人民出版社 2006 年版。
赵冈、陈钟毅：《中国土地制度史》，新星出版社 2006 年版。
李锦绣：《唐代财政史稿》，社会科学文献出版社 2007 年版。
吴树国：《唐宋之际田税制度变迁研究》，黑龙江大学出版社 2007 年版。
程明生：《宋代物价研究》，人民出版社 2008 年版。
［美］王业键：《清代田赋刍议》，高风等译，人民出版社 2008 年版。
杨斌：《税收学原理》，高等教育出版社 2008 年版。
包伟民：《传统国家与社会（960—1279）》，商务印书馆 2009 年版。
王曾瑜：《宋朝阶级结构》，中国人民大学出版社 2010 年版。
李华瑞：《“唐宋变革”论的由来与发展》，天津古籍出版社 2010 年版。
葛金芳：《两宋社会经济研究》，天津古籍出版社 2010 年版。
谭景玉：《宋代乡村组织研究》，山东大学出版社 2010 年版。
马克垚：《封建经济政治概论》，人民出版社 2010 年版。
林文勋：《唐宋社会变革论纲》，人民出版社 2011 年版。
［日］斯波义信：《宋代江南经济史研究》，何忠礼、方健等译，江

苏人民出版社 2012 年版。
耿元骊：《唐宋土地制度与政策演变研究》，商务印书馆 2012 年版。
葛金芳：《南宋赋役制度》，上海古籍出版社 2012 年版。
汤贡亮主编：《税收理论与政策》，经济科学出版社 2012 年版。
黄纯艳：《宋代财政史》，云南大学出版社 2013 年版。
郦家驹：《宋代土地制度史》，中国社会科学出版社 2015 年版。

## （二）论文

张荫麟：《北宋的土地分配与社会骚动》，《中国社会经济史集刊》1939 年第 6 卷第 1 期。
全汉升：《唐宋政府岁入与货币经济的关系》，《历史语言研究所集刊》第 20 本，商务印书馆 1948 年版。
杨志玖：《宋的土地兼并问题》，《历史教学》1953 年第 2 期。
邓广铭：《唐代租庸调法研究》，《历史研究》1954 年第 4 期。
韩连琪：《汉代的田赋口赋和徭役》，《文史哲》1956 年第 7 期。
邓广铭：《唐宋庄园制度质疑》，《历史研究》1963 年第 6 期。
郑昌淦：《论唐宋封建庄园的特点——与邓广铭同志商榷之一》，《历史研究》1964 年第 2 期。
孙毓棠：《关于北宋赋役制度的几个问题》，《历史研究》1964 年第 2 期。
王德毅：《李椿年与南宋经界法》，《食货月刊复刊》2—5，1972 年。
赵俪生：《试论两宋土地关系的特点》，《吉林师范大学学报》1979 年第 1 期。
尹敬坊：《关于宋代的形势户问题》，《北京师范学院学报》1980 年第 6 期。
贾大泉：《宋代赋税结构初探》，《社会科学研究》1981 年第 3 期。
穆朝庆：《两宋户籍制度问题》，《历史研究》1982 年第 1 期。
王曾瑜：《宋朝的两税》，《文史》第 14 辑，中华书局 1982 年版。
程洛溯：《宋代封建土地所有制的各种形态与农民的负担》，《历史教学》1982 年第 7 期。
赵俪生：《南宋土地经济中的几个主流现象》，《文史哲》1983 年第 4 期。
葛金芳：《试论“不抑兼并”》，《武汉师范学院学报》1984 年第 2 期。
孔泾源：《关于宋代的田赋税率和农民负担问题》，《中南民族学院学报》1984 年第 4 期。
［日］西嶋定生：《从吐鲁番出土文书看均田制实施情况：以给田文书、退田文书为中心》，《中国敦煌吐鲁番学会研究通讯》1985 年第 1 期。
何炳棣：《南宋至今土地数字的考释和评价（上）》，《中国社会科学》1985 年第 2 期。
王曾瑜、朱家源：《宋朝的和籴粮草》，《文史》第 24 辑，中华书局 1985 年版。
陈明光：《“量出制入”与两税法的制税原则》，《历史研究》1986 年第 1 期。
葛金芳：《唐宋之际土地所有制关系中的国家干预问题》，《中国史研究》1986 年第 3 期。
王曾瑜：《宋朝的诡名挟户》（上、下），《社会科学研究》1986 年第 4、5 期。
王曾瑜：《宋朝乡村赋役摊派方式的多样化》，《晋阳学刊》1987 年第 1 期。
唐兆梅：《析北宋的“不抑兼并”》，《中国史研究》1988 年第 1 期。
杨际平：《唐末宋初敦煌土地制度初探》，《敦煌学集刊》1988 年第 1、2 期。
葛金芳：《两宋摊丁入亩趋势论析》，《中国经济史研究》1988 年第 3 期。
高树林：《关于宋辽金的封建赋役问题》，《中州学刊》1988 年第 3 期。

高树林：《宋朝赋役浅论》，《中州学刊》1988 年第 3 期。
郦家驹：《两宋时期土地所有权的转移》，《中国史研究》1988 年第 4 期。
高树林：《试论中国封建社会赋税制度的税役变化问题》，《中国史研究》1989 年第 1 期。
李裕民：《北宋前期方田均税考》，《晋阳学刊》1989 年第 6 期。
马兴东：《宋代“不立田制”问题试析》，《史学月刊》1990 年第 6 期。
张熙惟：《宋代折变制探析》，《中国史研究》1992 年第 1 期。
周龙华：《从两则土地税额材料看宋代的土地买卖》，《贵州社会科学》1992 年第 1 期。
高树林：《宋元赋税制度之比较》，《河北学刊》1992 年第 1 期。
张熙惟：《宋代折变制探析》，《中国史研究》1992 年第 1 期。
蔡绍荣：《也析北宋的“不抑兼并”：兼与唐兆梅先生商榷》，《学术月刊》1993 年第 12 期。
王棣：《论宋代县乡赋税征收体制中的乡司》，《中国经济史研究》1999 年第 2 期。
王棣：《宋代乡司在赋税征收体制中的职权与运作》，《中州学刊》1999 年第 2 期。
陈明光、郑学檬：《中国古代赋役制度史研究的回顾与展望》，《历史研究》2001 年第 1 期。
吴承明：《经济史：历史观与方法论》，《中国经济史研究》2001 年第 3 期。
赵冈：《税租制度与土地分配》，《中国农史》2002 年第 3 期。
邓小南：《走向“活”的制度时——以宋代官僚政治制度史研究为例的点滴思考》，《浙江学刊》2003 年第 3 期。
刁培俊：《南宋乡司在赋役征派中的违法舞弊问题》，《邢台学院学报》2003 年第 1 期。
杨际平：《宋代“田制不立”、“不抑兼并”说驳议》，《中国社会经济史研究》2006 年第 2 期。

尚平：《试论两宋时期的农民负担“明白卡”》，《湖北师范学院学报》（哲学社会科学版）2006 年第 3 期。
陈锋：《中国古代的土地制度与田赋征收》，《清华大学学报》（哲学社会科学版）2007 年第 4 期。
吴业国、王棣：《南宋县级税赋征收体制检讨》，《中国经济史研究》2008 年第 1 期。
薛政超：《也谈宋代的“田制不立”与“不抑兼并”——与〈宋代“田制不立”、“不抑兼并”说驳议〉一文商榷》，《中国农史》2009 年第 2 期。
刘云、刁培俊：《宋代户帖制度的变迁》，《江西师范大学学报》2009 年第 6 期。
杨际平：《〈宋代“田制不立”、“不抑兼并”说〉再商榷》，《中国农史》2010 年第 2 期。
刘云：《税役文书与社会控制：宋代户帖制度新探》，《保定学院学报》2010 年第 2 期。
王棣：《宋代赋税的制度变迁》，《华南师范大学学报》（社会科学版）2011 年第 3 期。
田晓忠：《论宋代乡村组织演变与国家乡村社会控制的关系》，《思想战线》2012 年第 3 期。
包伟民：《理论与方法：近三十年宋史研究的回顾与反思》，《史学月刊》2012 年第 5 期。
田晓忠：《集成创新 奠定新基———读黄纯艳著〈宋代财政史〉》，《中国社会经济史研究》2014 年第 1 期。
田晓忠：《宋代的“富民”与国家关系——以税制改革为核心的考察》，《中国社会经济史研究》2015 年第 3 期。
田晓忠：《论宋代二税田赋的征收流程》，《历史教学》（高校版）2015 年第 10 期。

# 后　　记

本书是在我博士学位论文核心章节基础上略加修润而成。著作不长，在主体论述内容的很多方面，尤其是结语方面较为单薄，个人也并不甚满意，但作为在读博期间学习与思考的一个总结，对我个人而言，这本小书具有非同一般的价值和意义。

进入读博阶段，在确定研究选题的过程中，我一度非常困惑。在经济史这个学科领域，我是既熟悉又陌生。熟悉是因为曾阅读过经济史研究的一些相关论著，陌生则源于以往对这些论著阅读时缺乏深入思考，同时由于对经济史整体面貌和发展趋向认知较为欠缺，一旦涉及具体问题就常感到无法触摸其深层脉动。这种状况直接影响到我始终无法确定自己的研究选题。幸运的是我的导师吴晓亮教授始终给了我足够的耐心和包容，她不断鼓励我多阅读史学名家著作，多关注学界研究学术进展，以便从中汲取养分，收获启发。在大量阅读文献，同时不断进行思考的过程中，我个人对历史与历史学的认知也日渐深化，逐渐领悟到史学研究不一定非要开拓新领域，研究新课题，一些旧的研究课题随着时代的变化也有可能焕发出新的研究价值。在这种认知之下，通过较全面的学术发展史的细致梳理，我最终选取了宋代经济史研究中最传统的一个老课题“田赋”，作为自己博士学位论文的研究对象。这个选题确定的过程十分漫长，在确定选题的过程中，我对史学研究理论与方法、史料的收集研读和学术史的归纳整理，均花了较大的功夫。于我个人而言，这是我求学过程中最系统、最认真、最全面进行个人独立学习和深刻思索的宝贵经历。我想，对于每一位认真付出努力并独立完成的博士学位论文，就如我一般，应该都是个人学术研究路上的一个里程碑吧。

另一件让我觉得倍感幸运和高兴的事，就是我以博士学位论文为基础申报的国家社科基金项目，最终获得了立项资助。从获得国家社科基金项目立项资助一事来看，至少说明我对宋代田赋的研究，在于我个人学术研究道路上的重要意义之外，也有其自身的学术研究价值和意义。

根据国家社科基金项目管理办法，没有经过验收的结项材料，是不能提前公开出版的。我个人也认为这本博士论文选题过程漫长，但最终完成却是较为仓促的，对里面的一些具体内容也不大满意，也就从未考虑过未结题而出版之事。但在随后进行国家社科基金项目开题和具体研究过程中，我发现对很多问题的认识已与完成博士论文时有较大差异，研究重心和关注重点也发生较大转移；我的几位老师出于对我的关心，遂纷纷建议我可先将博士论文中议题集中的部分先行出版，这样既可以之为最终结项的重要支撑材料，也可明示二者具有显著差别。在他们的再三劝说和动员下，以及在云大历史系主任罗群教授的大力支持下，我最终同意将博士论文出版。这样一则意味着自己与博士研究阶段的告别，二则也以此激励自己，必须要用加倍的努力来完成最终高质量的结项报告。本书讨论未尽如人意和薄弱之处都期望着在我后续课题结项报告中进一步充实完善。

在我博士学位论文的最后曾对帮助过我完成论文的老师和朋友予以感谢，在本书中再次向你们表示感谢。感谢：我的硕士生导师林文勋教授、博士生导师吴晓亮教授，云南大学的黄纯艳教授、张锦鹏教授、廖国强编审、罗群教授、薛政超教授、赵小平教授、段红云教授，复旦大学的余蔚教授、张海英教授、杨煜达教授，云南省社会科学院的王文成研究员，河北经贸大学高楠教授，云南师范大学黄海涛教授，以及论文匿名评审专家对论文的帮助和指点；感谢答辩委员会主席中国社会科学院刘兰兮研究员，答辩委员云南师范大学李槐教授、李寿教授等对论文修改完善的意见与建议。还有我的同门师兄弟黎志刚博士、董雁伟博士、赵潞博士、丁琼博士、吴臣辉博士、冯芸博士，我们一起在学术道路上互相扶持、砥砺前行，在此一并致谢。感谢我系施雱老师对我外语翻译的校正。

感谢我的父母、舅爹舅妈、岳父岳母，感谢你们对我在学业方面的理解、帮助和支持，没有你们的支持和鼓励，我没法走到今天。我的妻子对我在求学道路上的艰辛予以了充分理解，在生活中对我关怀备至，鼓励并支持我最终完成论文，感谢有你陪伴！我的儿子多多，是在我写论文、改论文的过程中降生的，你带来了全家的欢乐，也带给我沉甸甸的压力，一种为人父母的责任与担当，激励着我要勇往直前。

最后，本书的出版还得益于中国社会科学出版社宋燕鹏先生的大力支持和无私帮助，深表感谢。

是为记。

田晓忠

2016 年元旦于昆明安康园